생각하는 동화	4
선 긋기	6
ㄱ, ㄴ 익히기	16
ㄷ, ㄹ 익히기	22
ㅁ, ㅂ 익히기	30
ㅅ, ㅇ 익히기	36
ㅈ, ㅊ 익히기	44
ㅋ, ㅌ 익히기	50
ㅍ, ㅎ 익히기	58
ㅏ, ㅑ 익히기	64
ㅓ, ㅕ 익히기	70
ㅗ, ㅛ 익히기	78
ㅜ, ㅠ 익히기	84
ㅡ, ㅣ 익히기	90

이렇게 지도해 주세요.

 **아이**와 **대화**하는 **부모**가 되어주세요.

아이의 두뇌성장을 돕는 환경적 자극 중에서 부모와의 대화에서 얻어지는 언어자극은 아이의 두뇌성장에 큰 역할을 합니다.
엄마와 매일 대화하는 아이가 그렇지 않은 아이에 비해 언어구사력이 뛰어난 것은 바로 이러한 사실을 뒷받침 해주는 증거입니다. 아이는 엄마와의 대화를 통해서 또래와의관계에서는 얻기 힘든 새롭고 다양한 낱말을 배우게 됩니다. 그렇기 때문에 부모와 함께하는 언어활동은 아이에게 그 어떤 자극보다 중요한 교육이 될 수 있습니다.

 **아이**의 끊임없는 **질문**에 **성실**하게 대답해 주세요.

아이가 부모와 대화를 통해 언어활동을 시작하면서 유치원, 어린이집 등에서 만난 또래친구들과도 어울리며 수많은 질문과 궁금증을 갖게 됩니다. 그러면서 질문을 반복해서 하게 되는데, 이때 아이의 반복된 질문에 부모가 늘 성실하게 대답해 주고 칭찬을 아끼지 않는다면 그 학습효과는 보다 효과적으로 발휘될 것입니다.

 좋은 **교재**로 학습에 대한 **호기심**을 자극해 주세요.

학습을 처음 시작한 아이에게 좋은 교재는 학습에 대한 새로운 호기심을 자극할 수 있는 좋은 친구입니다. 또한 아이의 학습욕구를 자극하기 위해서는 교재를 먼저 보여주고 빨리 하고 싶다는 생각을 끌어주는 것도 하나의 방법입니다. 예를 들면 스티커나, 색칠하기, 오리기, 접기 등의 교재를 보면서 아이가 가위질과 크레용을 사용하여 색칠하고, 스티커를 떼서 붙이는 활동에 흥미를 느끼게 되는 것입니다.

생각이 커지는 내친구 한글 시리즈

〈한글은 내친구〉는 한글을 배우기 시작하는 만3세 영아 과정부터 7세까지 제7차 교육과정을 바탕으로 한 교과서 중심의 한글학습교재로 전 8권으로 구성되어있습니다.

본 교재는 아이가 쉽게 알고 인지할 수 있도록 사진, 그림, 스티커 붙이기, 색칠하기 등으로 다양하게 엮었으며, 생각을 키워주는 '생각하는 동화'를 통한 인성교육도 세심하게 다루었습니다.

1권에서 8권까지의 전 과정은 영아부터 초등학교 입학 전 아동이 반드시 배워야 할 학습 내용이 빠짐없이 탄탄하게 구성되어 있어, 한글을 배우기 시작하는 단계에서부터 문장 쓰기까지의 모든 과정을 완벽하게 마스터 할 수 있는 창의학습 프로그램입니다.

한글은 내친구 - 구성과 특징

1단계
여러 가지 선 긋기와 색칠하기, 스티커 붙이기를 통한 놀이 학습, 자음(닿소리)과 모음(홀소리) 배우기로 구성하였습니다.

2단계
생각하는 동화와 닿소리-홀소리의 복습, 가~허, 거~허를 그림과 함께 익히고 쓸 수 있게 구성 하였습니다.

3단계
자음(닿소리)과 모음(홀소리)의 합성 형태를 낱말을 통해 익히고 읽고 쓸 수 있도록 구성하였습니다.

4단계
자음(닿소리)과 모음(홀소리)의 합성 낱말과 겹닿소리 익히기를 구성 하였습니다.

5단계
여러 가지 기관에서 하는 일과 받침이 있는 글자를 학습하도록 구성하였습니다.

6단계
겹받침과 단위를 나타내는 말, 서수, 감정을 나타내는 말을 학습하도록 구성하였습니다.

7단계
같은 말 다른 뜻(동음이의어), 소리를 표현하는 말을 학습하고 받아쓰기 등의 심화학습을 할 수 있도록 구성하였습니다.

8단계 우리들은 1학년
예비초등단계로 초등학교 입학 전 아동을 위해 초등학교 1학년 교과내용을 중심으로 하였으며 1권에서 7권을 마무리하는 단계로 구성하였습니다.

유치원 교육 과정에 따른
8단계 교육 프로그램

개미와 베짱이

더운 여름날, 햇볕이 쨍쨍 내리쬐는데도
개미들은 쉬지 않고 열심히 일을 했어요.

" 영차영차 우리처럼 열심히 일해야
　추운 겨울이 와도 문제없지. 영차영차 "

개미들이 일하는 길 옆으로 시원한 나무그늘이 있었어요.
그 곳에서 베짱이들은 신나게 노래를 불렀어요.
" 힘내라! 개미들아, 열심히 일하는 개미들아. "
개미들은 베짱이의 노랫소리를 들으며 열심히 일했어요.

◎ 개미들은 왜 더운 여름에도 열심히 일하는지 이야기해 보세요.

날짜 : 월 일

가로선 긋기

매우잘함 잘함 보통

맛있는 과일이에요. 점선을 따라 그어 보세요.

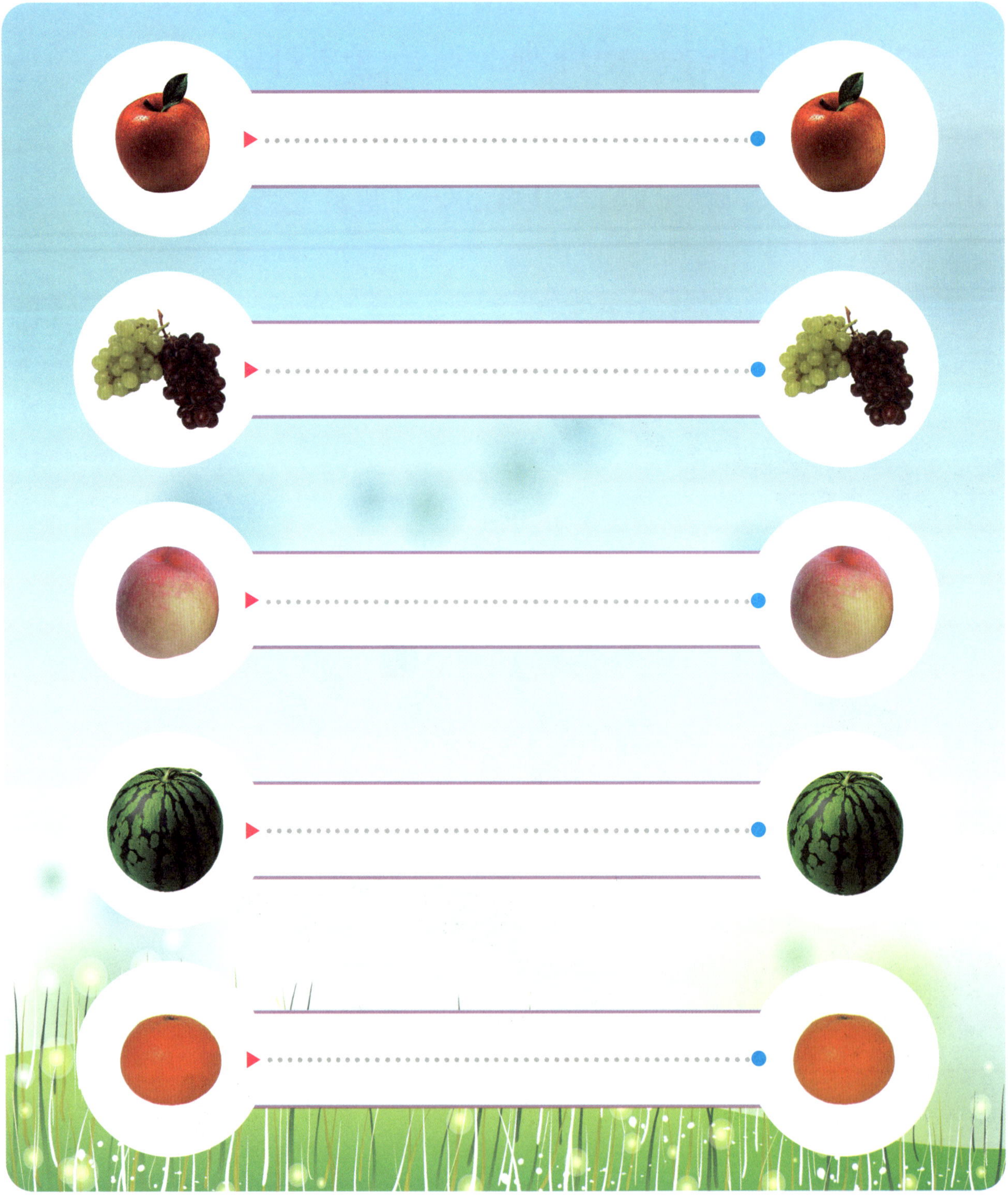

날짜 :　　　월　　　일

가로선 긋기

매우잘함　잘함　보통

아기원숭이가 계단을 내려 가네요. ▶에서 ●까지 바르게 줄을 그어 보세요.

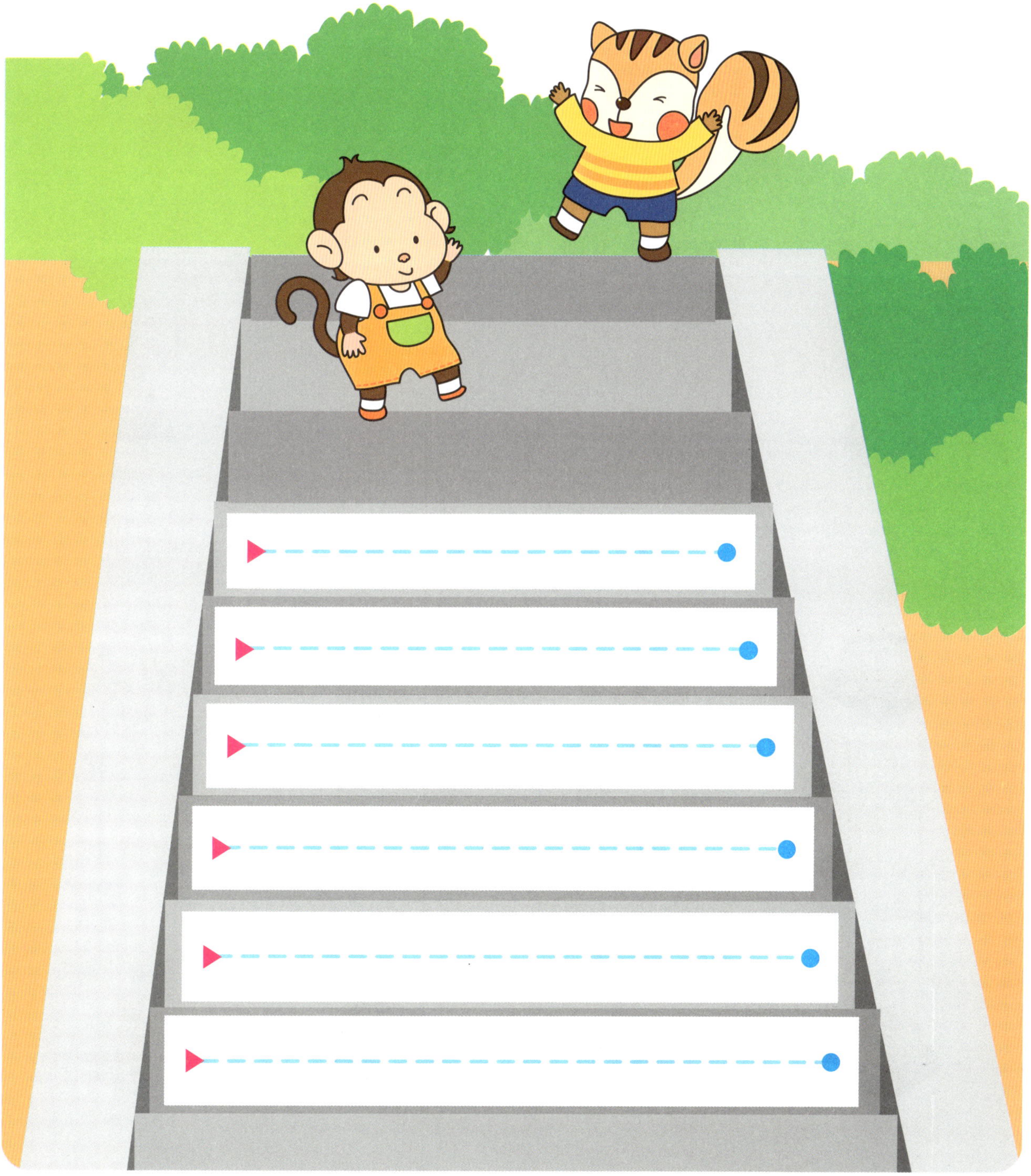

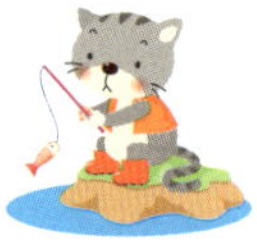

날짜 : 월 일

세로선 긋기

매우잘함 잘함 보통

음~ 맛있는 음식이에요. 점선을 따라 그어 보세요.

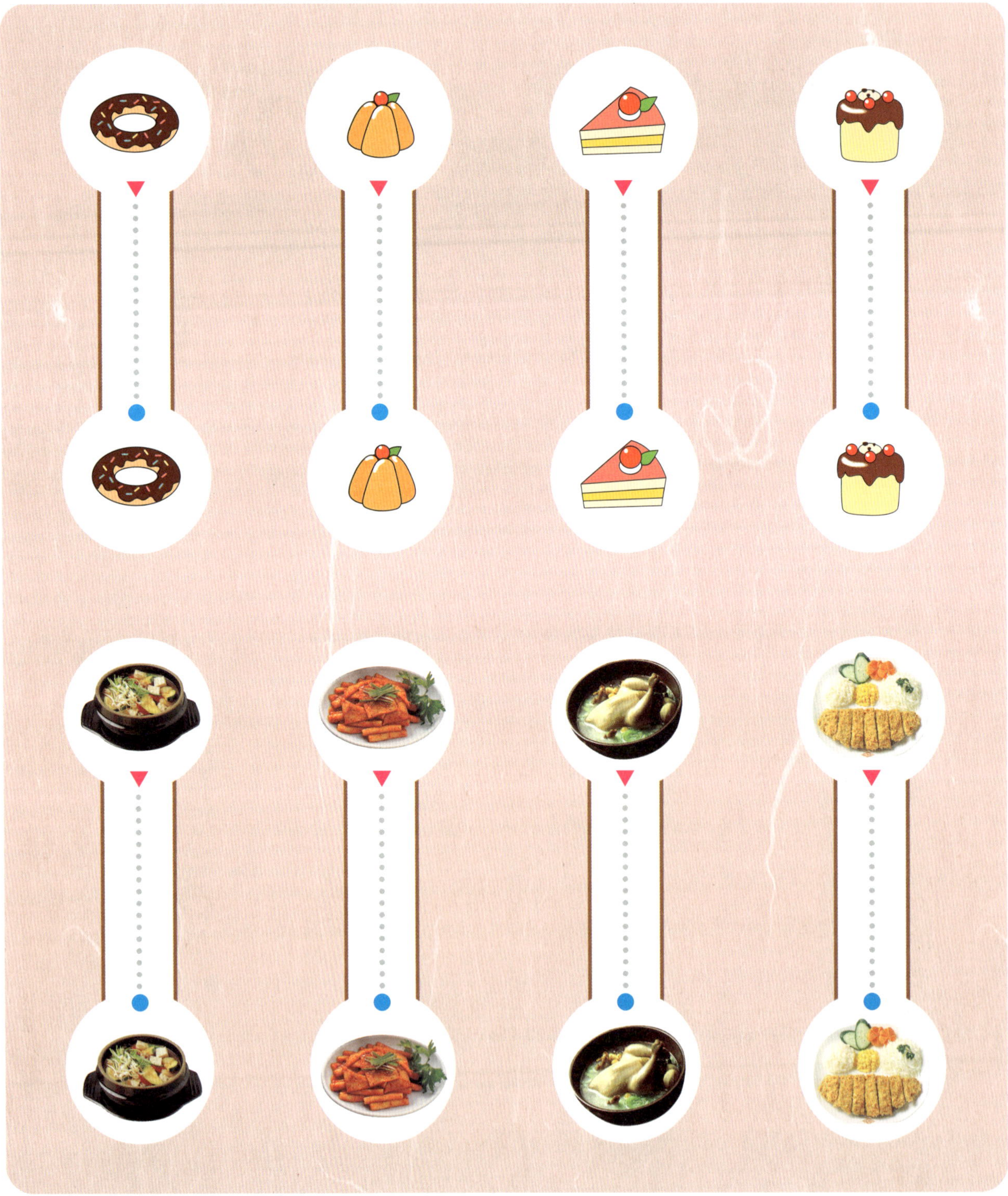

날짜 :   월   일

재미있는 무늬

🎲 맛있는 수박과 참외에는 줄무늬가 있어요. 수박과 참외에 더 재미있는 무늬를 그려 보세요.

날짜:　　월　　일

사선 긋기

 ▶에서 ●까지 점선따라 다리에 줄을 그려 보세요.

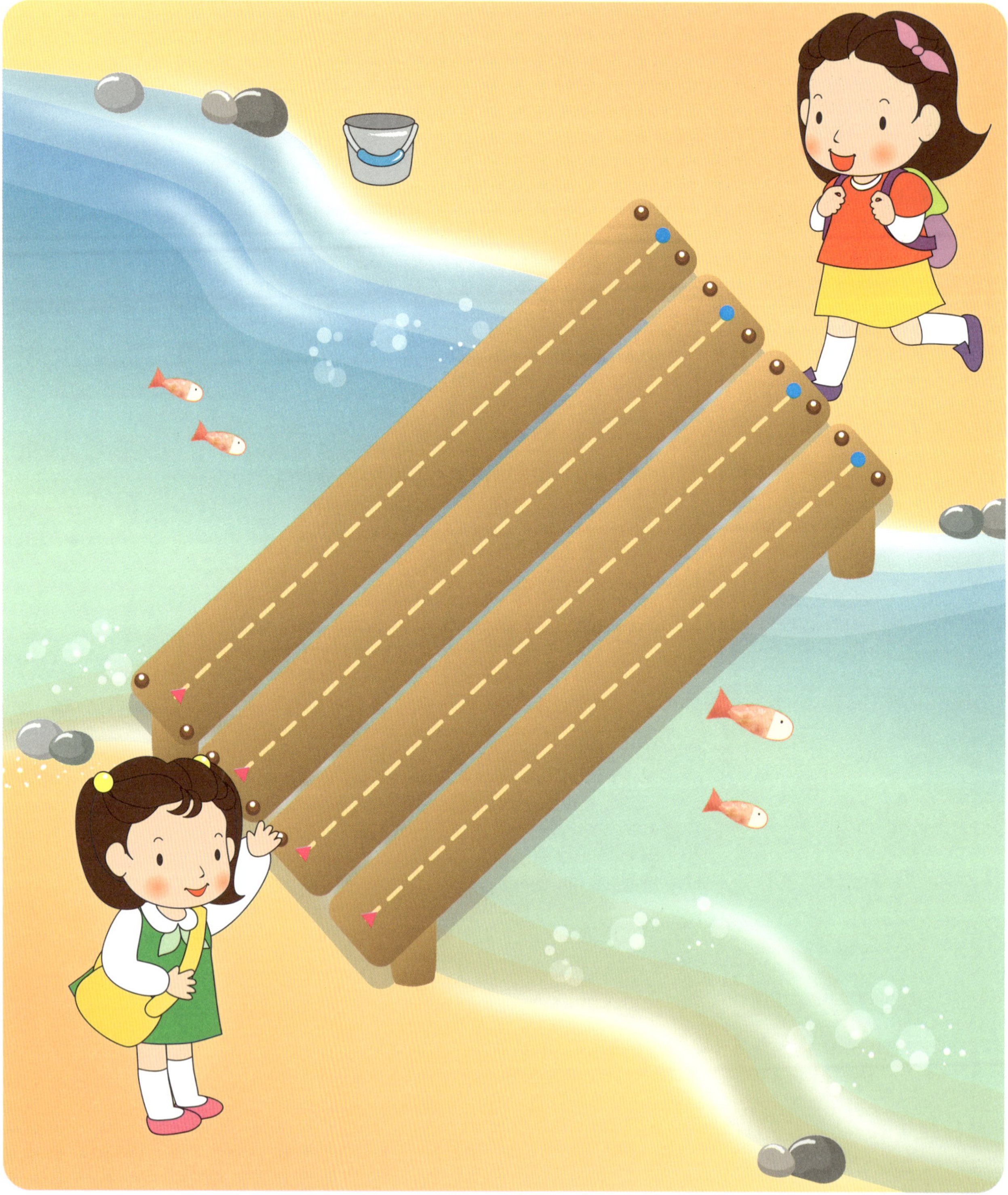

 날짜 : 월 일

길 찾기

🎲 병아리에 그려진 길을 찾아 ➡ 에서 ➡ 까지 가세요.

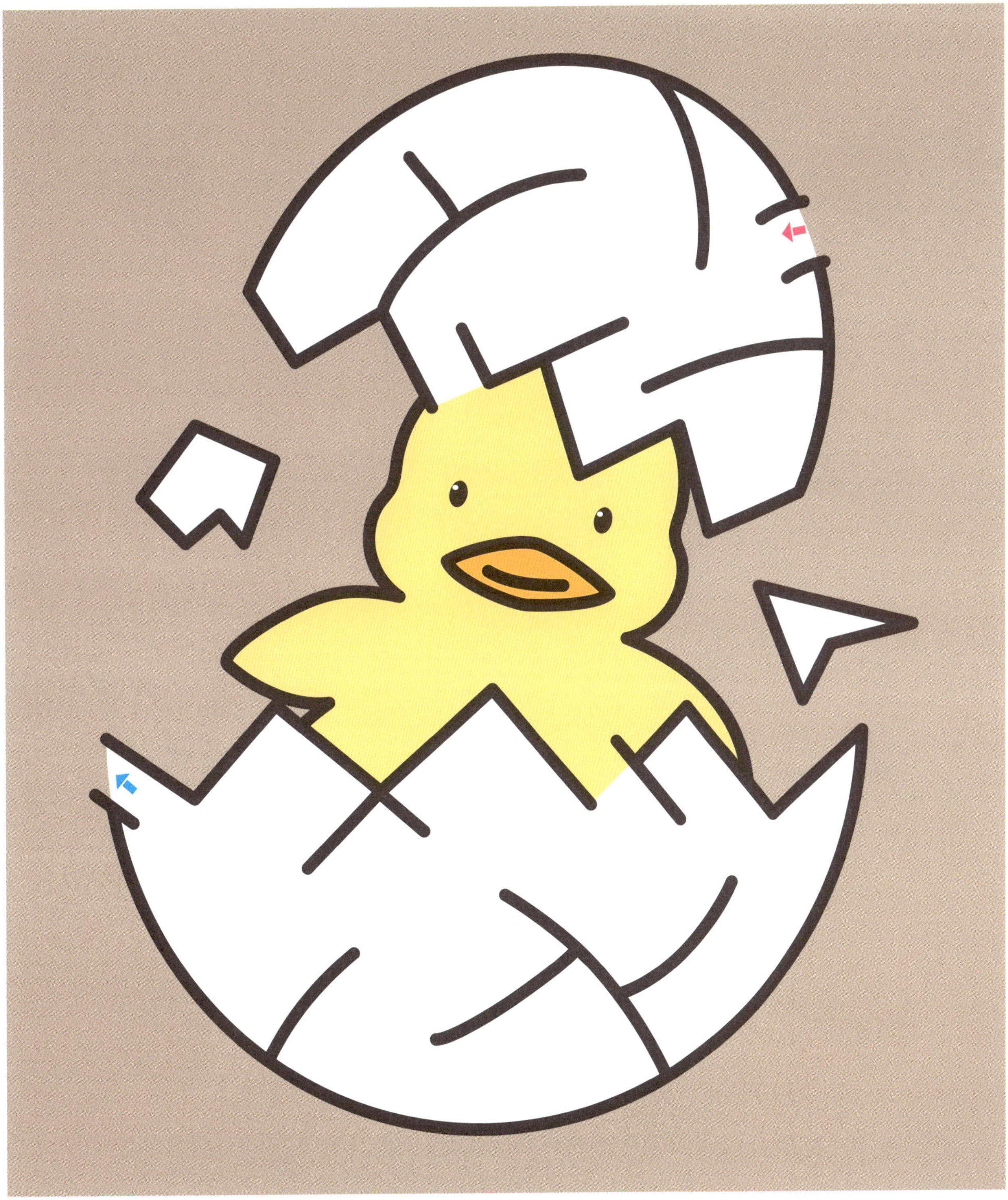

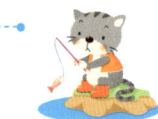

날짜 : 월 일

꺾어지는 선 긋기

매우잘함 잘함 보통

곤충 친구들이 달리기를 하고 있어요. 같은 곤충끼리 점선 따라 그어 보세요.

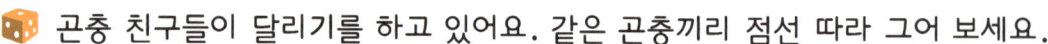

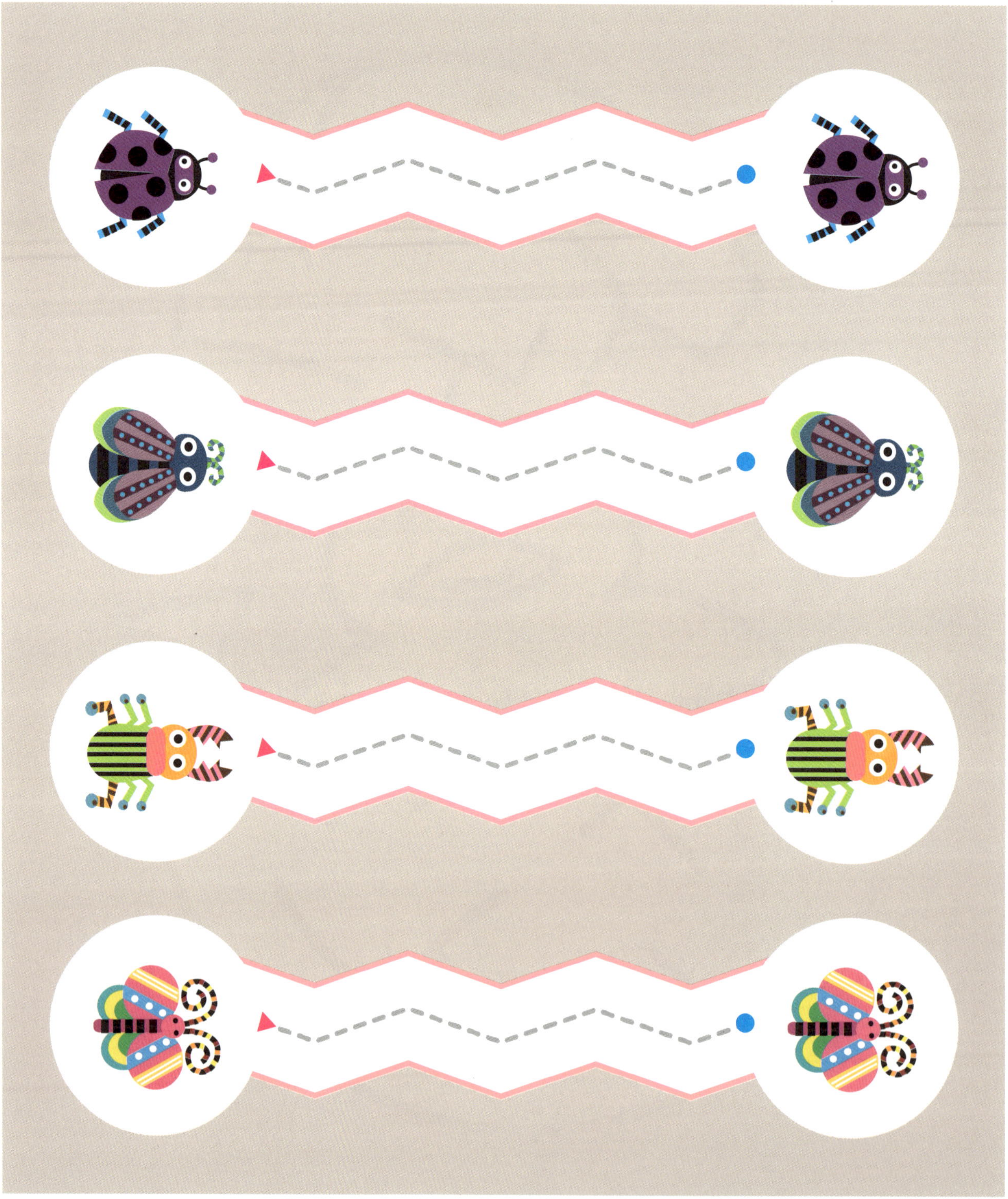

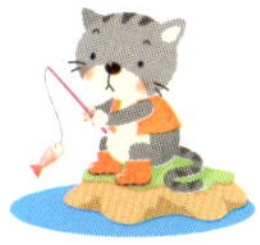

날짜 : 월 일

꺾어지는 선 긋기

매우잘함 잘함 보통

우리 집에 있는 가전제품들이에요. 같은 물건끼리 점선 따라 그어 보세요.

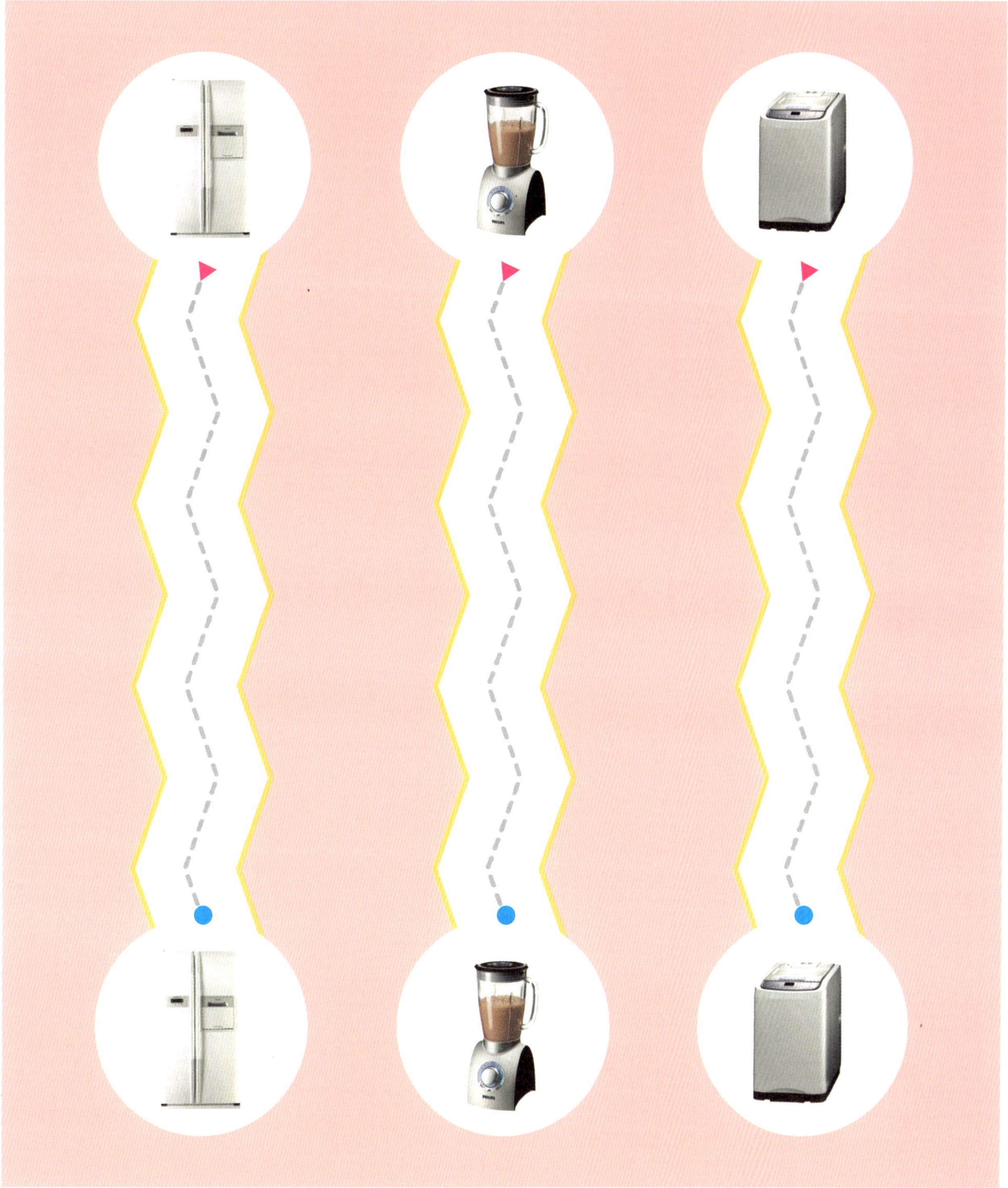

날짜 : 월 일

곡선 긋기

매우잘함 잘함 보통

점선을 따라 같은 모양의 차를 찾아 그어 보세요.

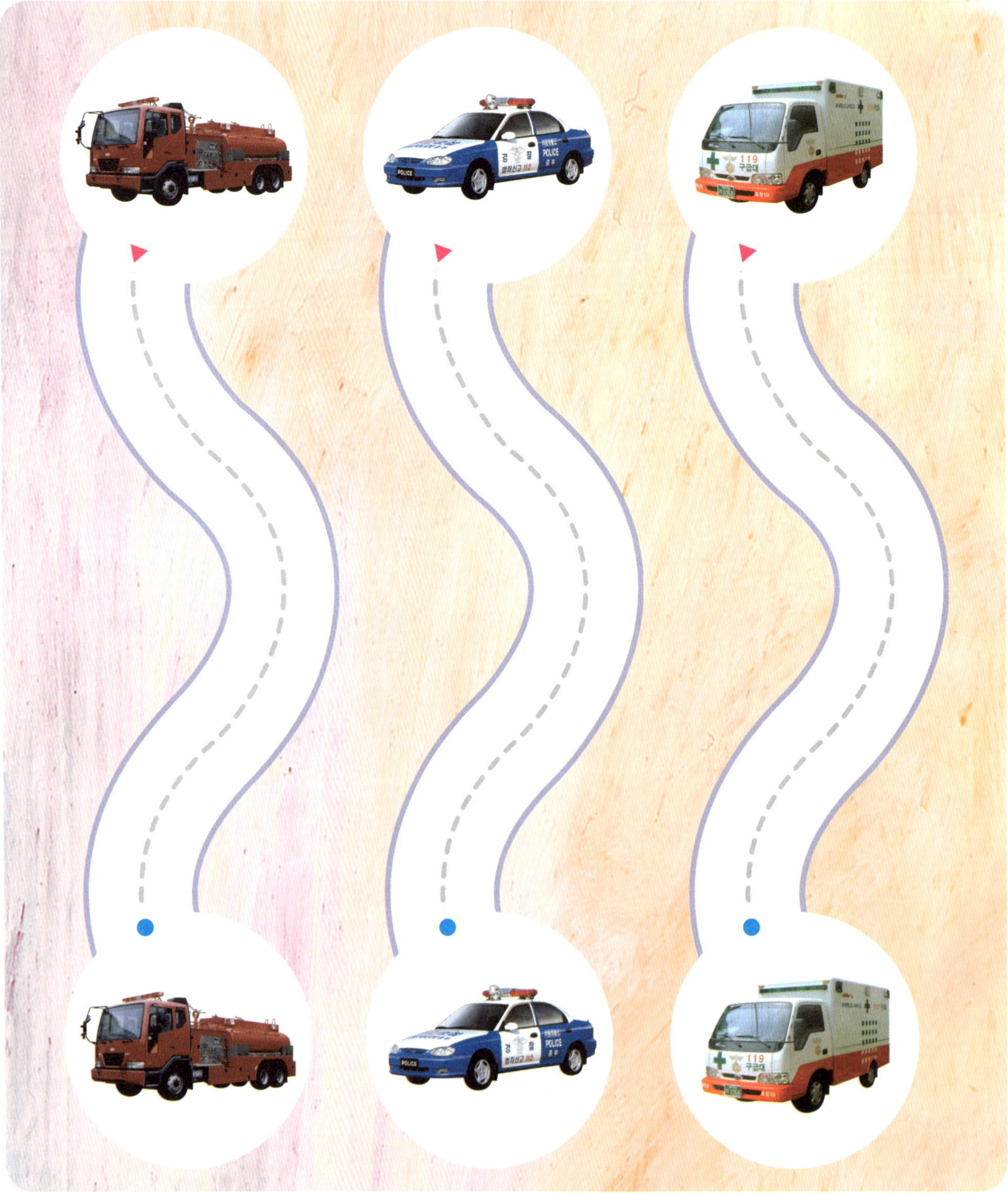

날짜 : 월 일

곡선 긋기

매우잘함 잘함 보통

점선을 따라 같은 음식을 찾아 그어 보세요.

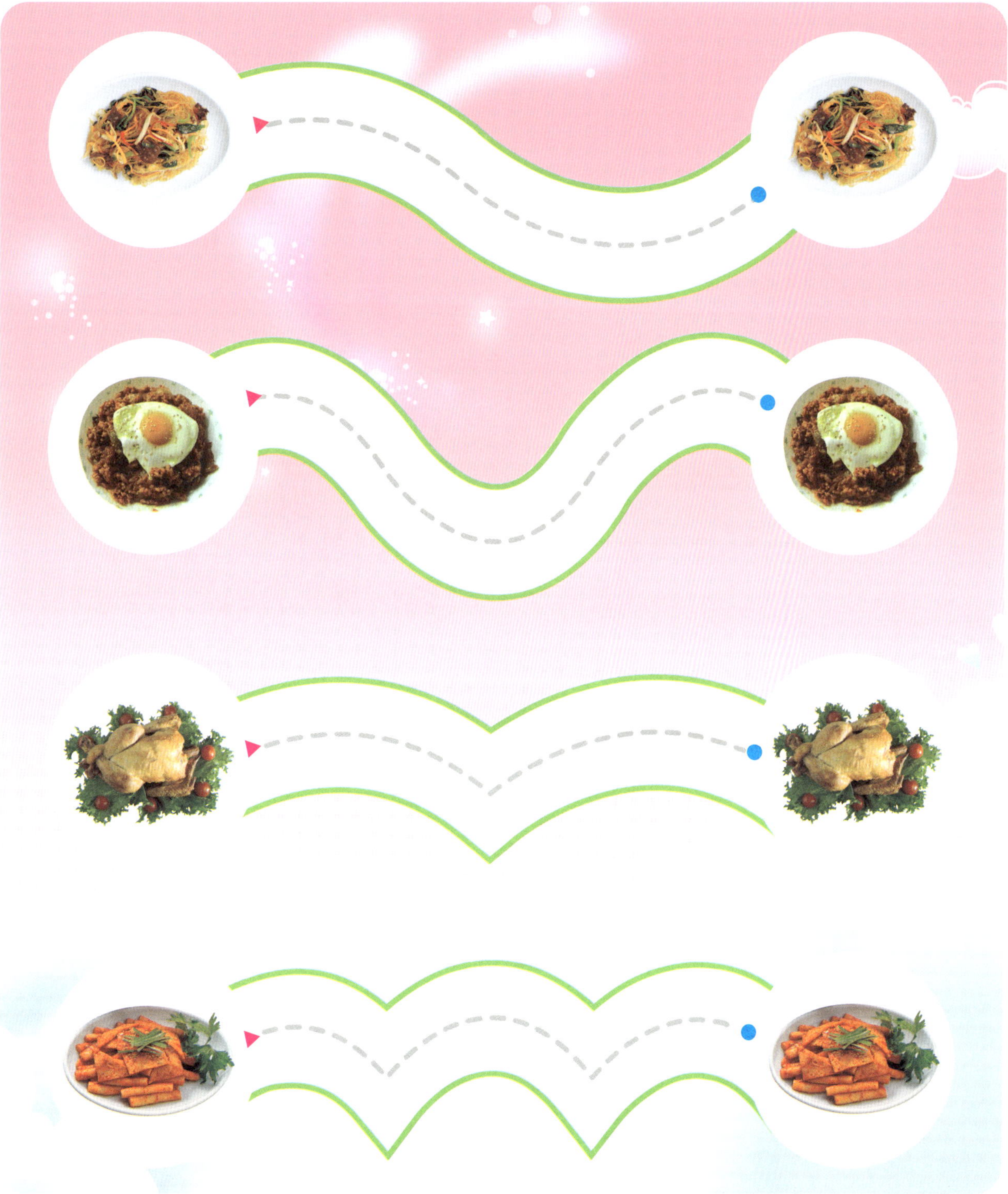

ㄱ 익히기

날짜: 월   일

🎲 그림에 숨어 있는 'ㄱ'(기역)을 찾아 색칠해 보세요.

양양이와 몽몽이는 숨바꼭질을 하고 있어요.
양양이는 개나리 사이에 숨어서 몽몽이가 찾지 못하게 개구리 흉내를 냈어요.

개굴
개굴
개나리
개구리
(기역)

🎲 그림 속에 숨은그림을 찾아 보고, 낱말 옆에 그림 스티커를 붙여 보세요.

| 숨은 그림 | 가방 | 가지 |

날짜:　　월　　일

ㄱ 쓰기

매우잘함　잘함　보통

🎲 기차 그림에 쓰인 'ㄱ'(기역)을 찾아 ○해 보세요.

🎲 'ㄱ'(기역)을 읽고, 바르게 써 보세요.

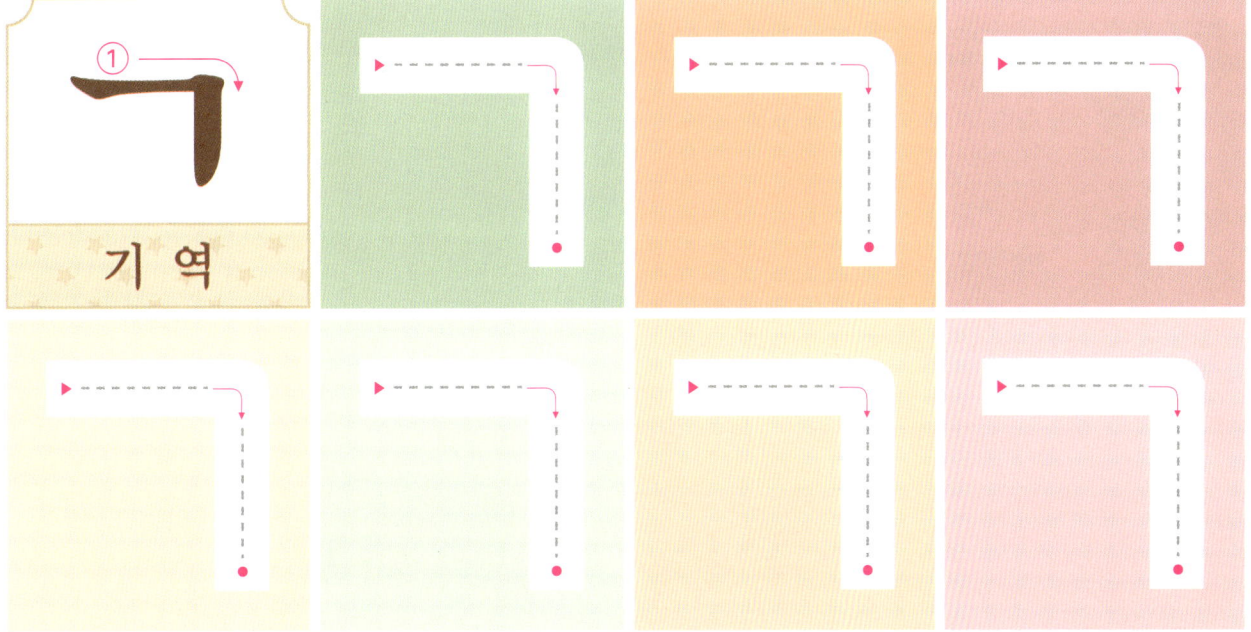

ㄴ 익히기

날짜 :   월   일

🎲 그림에 숨어 있는 'ㄴ'(니은)을 찾아 색칠해 보세요.

양양이가 술래가 되었어요.
나무 뒤에 숨은 몽몽이는 날아가는 나비를 구경했어요.

나비

나무

(니은)

🎲 그림 속에 숨은그림을 찾아 보고, 낱말 옆에 그림 스티커를 붙여 보세요.

| 숨은 그림 | 바나나 | 나팔 |

날짜: 월 일

ㄴ 쓰기

매우잘함 잘함 보통

🎲 나비가 날아가는 모양을 따라 줄로 이어 보세요.

양양이와 몽몽이는 술래잡기 하던 것도 잊은채
나비를 쫒아 함께 뛰어다녔어요.

🎲 'ㄴ'(니은)을 읽고, 바르게 써 보세요.

날짜 :   월   일

ㄱ · ㄴ 다지기

매우잘함 잘함 보통

🎲 'ㄱ'(기역)이 들어간 낱말을 찾아 ◯해 보세요.

🎲 그림의 이름을 찾아 줄로 이어 보세요.

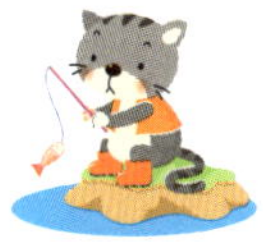

날짜: 월   일

ㄱ·ㄴ 다지기

🎲 읽으면서 바르게 써 보세요.

ㄱ 기역   가지   ㄴ 니은   나비

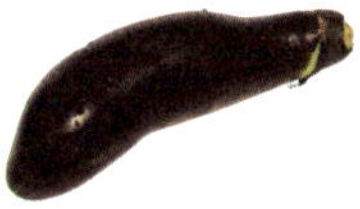

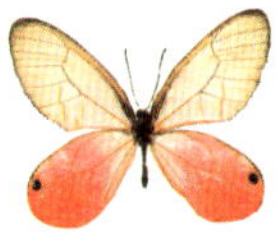

ㄷ 익히기

🎲 낱말을 읽어 보고, 그림에 숨어 있는 'ㄷ'(디귿)을 찾아 색칠해 보세요.

양양이와 몽몽이는 도시락을 먹었어요.
옆에 있던 다람쥐도 도토리를 맛있게 먹고 있어요.

다람쥐
도토리
ㄷ (디귿)
도시락

🎲 그림 속에 숨은그림을 찾아 보고, 낱말 옆에 그림 스티커를 붙여 보세요.

| 숨은 그림 | 독수리 | 두루미 |

ㄷ 쓰기

🎲 낱말을 읽어 보고, 'ㄷ'(디귿)이 들어 있는 글자에 ◯해 보세요.

양양이와 몽몽이는 친구들과 함께 과자를 먹었어요.

🎲 'ㄷ'(디귿)을 읽고, 바르게 써 보세요.

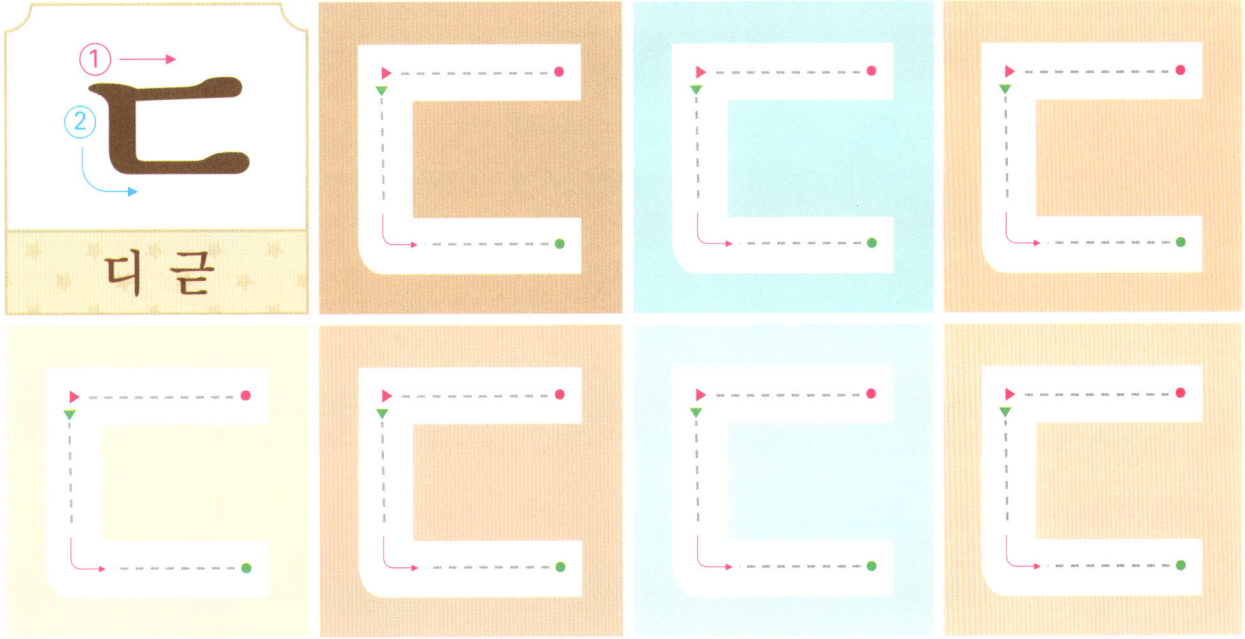

ㄹ 익히기

🎲 그림에 숨어 있는 'ㄹ'(리을)을 찾아 색칠해 보세요.

라디오에서 즐거운 음악소리가 들렸어요.
양양이와 몽몽이는 친구들과 춤을 추었어요.

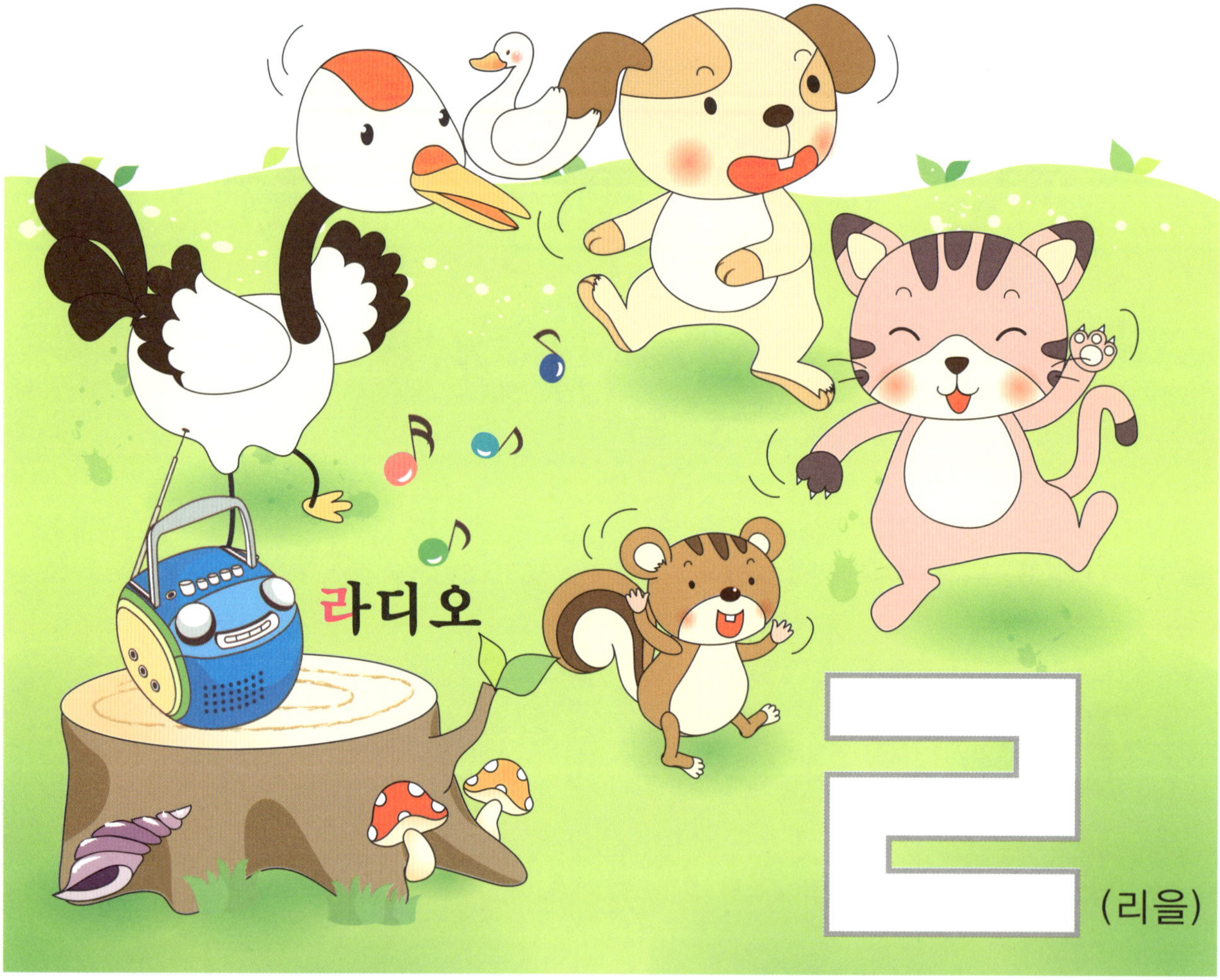

라디오

ㄹ
(리을)

🎲 그림 속에 숨은그림을 찾아 보고, 낱말 옆에 그림 스티커를 붙여 보세요.

| 숨은그림 | 오리 | 소라 |

ㄹ 쓰기

🎲 그림의 이름에 들어 있는 낱자를 찾아 줄로 이어 보세요.

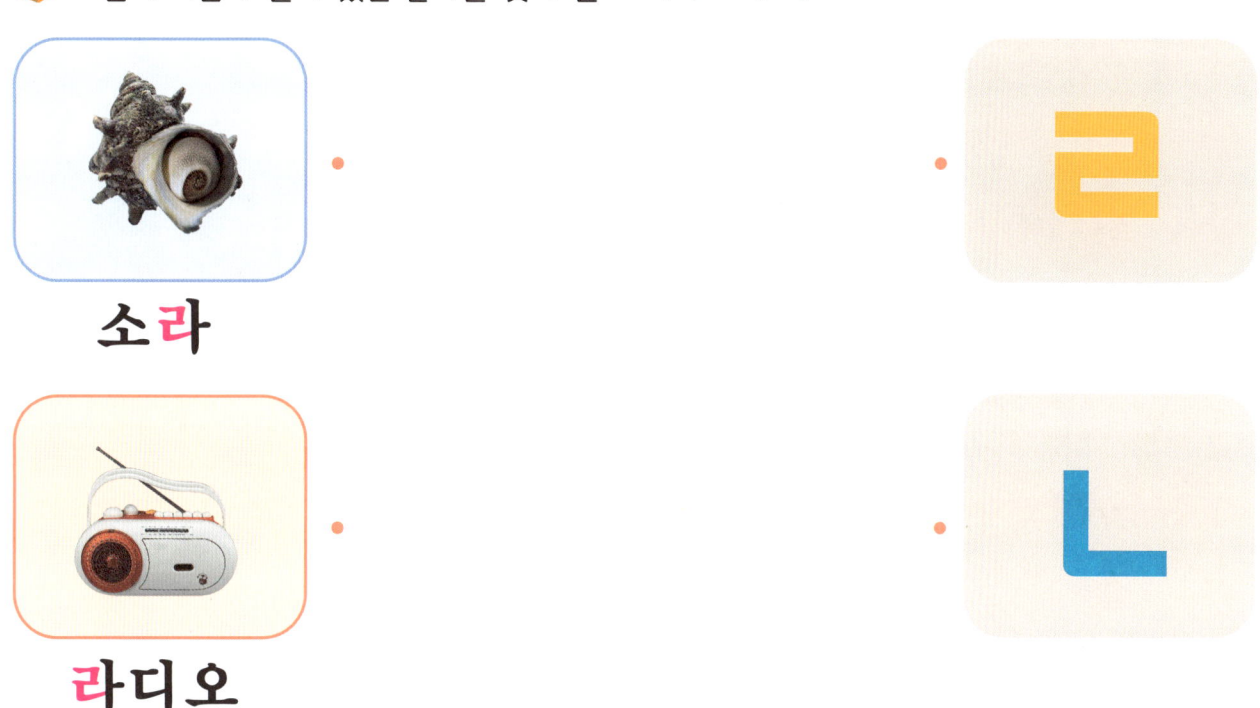

🎲 'ㄹ'(리을)을 읽고, 바르게 써 보세요.

날짜 :   월   일

ㄷ·ㄹ 다지기

🎲 □안에 들어갈 알맞은 낱자 **스티커**를 붙여 보세요.

🎲 그림의 이름이 맞는 것을 찾아 줄로 이어 보세요.

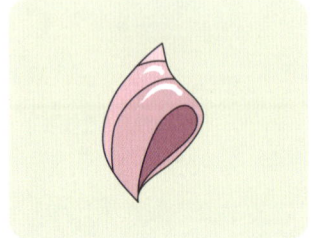　　　　　　　라 디 오

날짜 :   월   일

ㄷ·ㄹ 다지기

매우잘함 잘함 보통

🎲 읽으면서 바르게 써 보세요.

디귿   다리미

리을   라디오

날짜: 월 일

ㄱ・ㄴ・ㄷ・ㄹ 다지기

🎲 몽몽이가 그림에 이름을 붙이려고 해요. ●안에 낱자 스티커를 붙여 보세요.

○아지　　○아무

○아리미　　○아면

날짜 : 월 일

ㄱ·ㄴ·ㄷ·ㄹ 다지기

매우잘함 잘함 보통

🎲 낱말에 'ㄱ·ㄴ·ㄷ·ㄹ'이 들어간 그림을 찾아 ◯ 해 보세요

ㄱ	 호두	 가방
ㄴ	 바나나	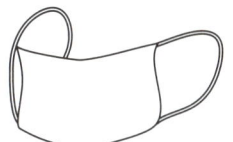 마스크
ㄷ	 호두	 매미
ㄹ	 가방	 라면

날짜 : 월 일

ㅁ 익히기

매우잘함 잘함 보통

낱말을 읽어 보고, 그림에 숨어 있는 'ㅁ'(미음)을 찾아 색칠해 보세요.

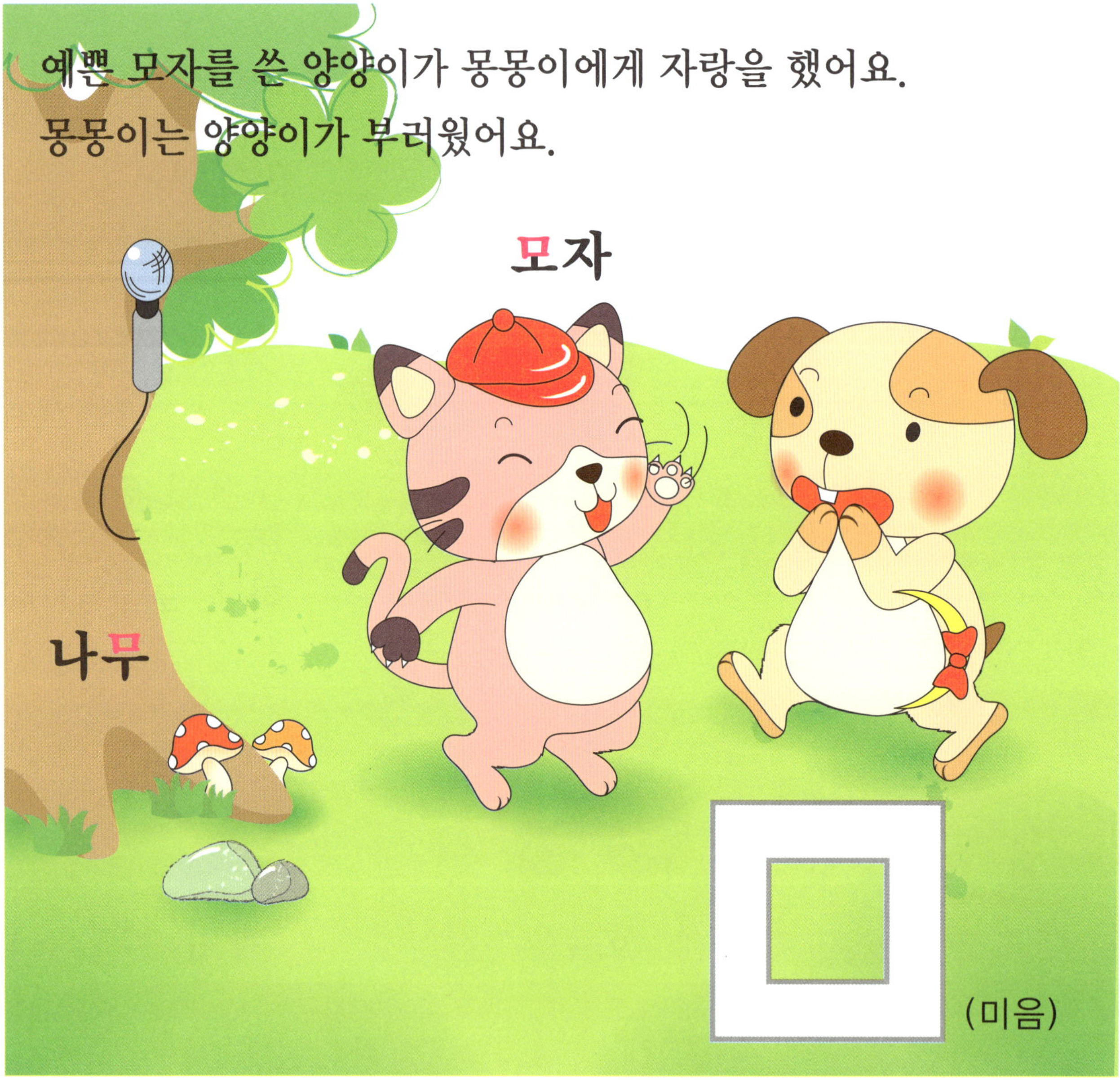

예쁜 모자를 쓴 양양이가 몽몽이에게 자랑을 했어요.
몽몽이는 양양이가 부러웠어요.
모자
나무
ㅁ
(미음)

그림 속에 숨은그림을 찾아 보고, 낱말 옆에 그림 스티커를 붙여 보세요.

숨은 그림	마이크	머리띠

날짜 : 월 일

ㅁ 쓰기

🎲 그림의 이름을 읽어 보고, 'ㅁ'(미음)이 들어 있는 낱말에 ◯ 해 보세요.

🎲 'ㅁ'(미음)을 읽고, 바르게 써 보세요.

날짜 : 　월　　일

ㅂ 익히기

🎲 그림에 숨어 있는 'ㅂ'(비읍)을 찾아 색칠해 보세요.

몽몽이가 목이 말라서 보리차를 마셨어요.
양양이는 너무 더워서 부채질을 했어요.

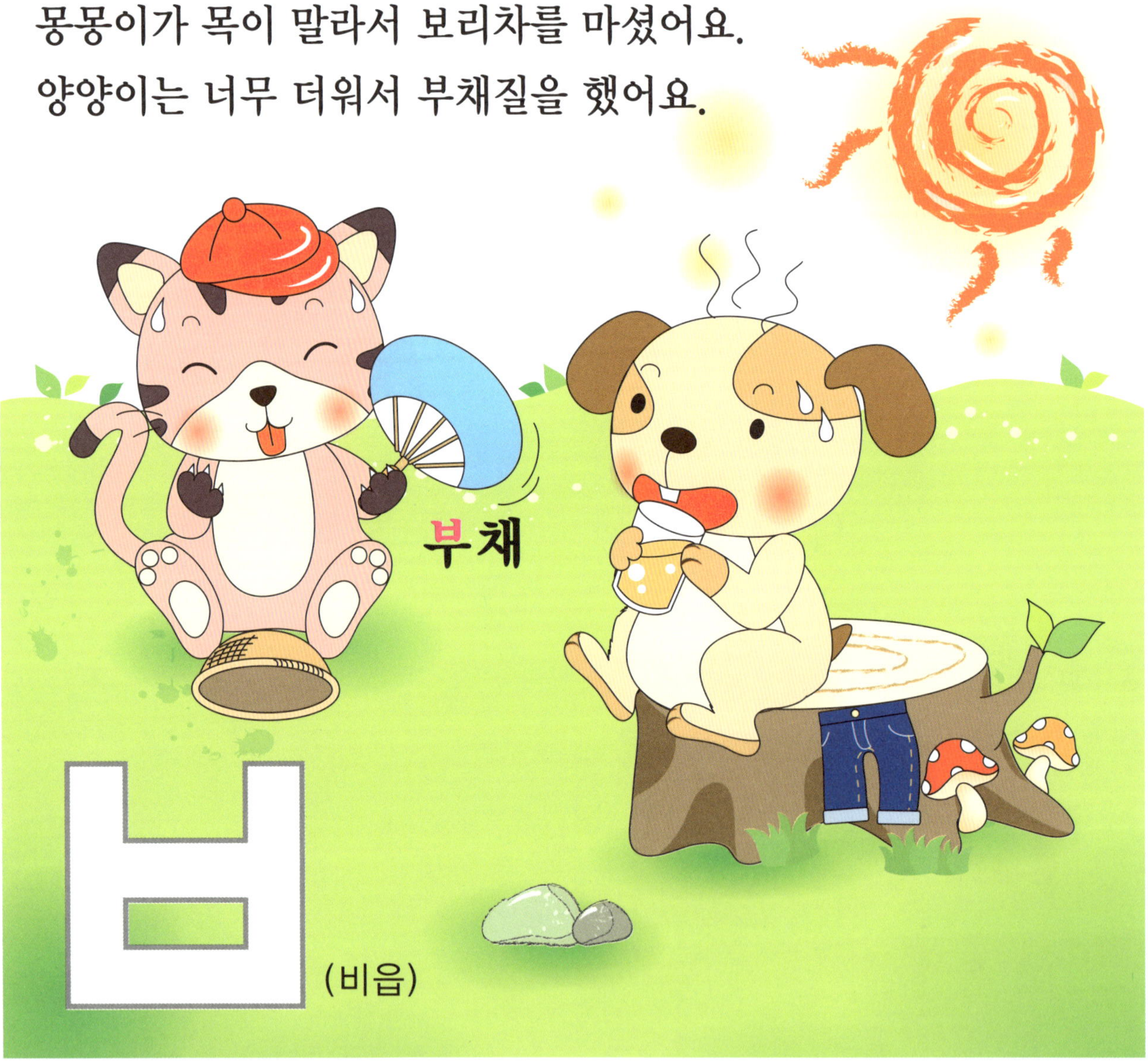

부채

ㅂ (비읍)

🎲 그림 속에 숨은그림을 찾아 보고, 낱말 옆에 그림 스티커를 붙여 보세요.

바지　　　　　바구니

ㅂ 쓰기

🎲 'ㅂ'(비읍)이 들어간 낱말이에요. 같은 낱말끼리 줄을 이어 보세요.

🎲 'ㅂ'(비읍)을 읽고, 바르게 써 보세요.

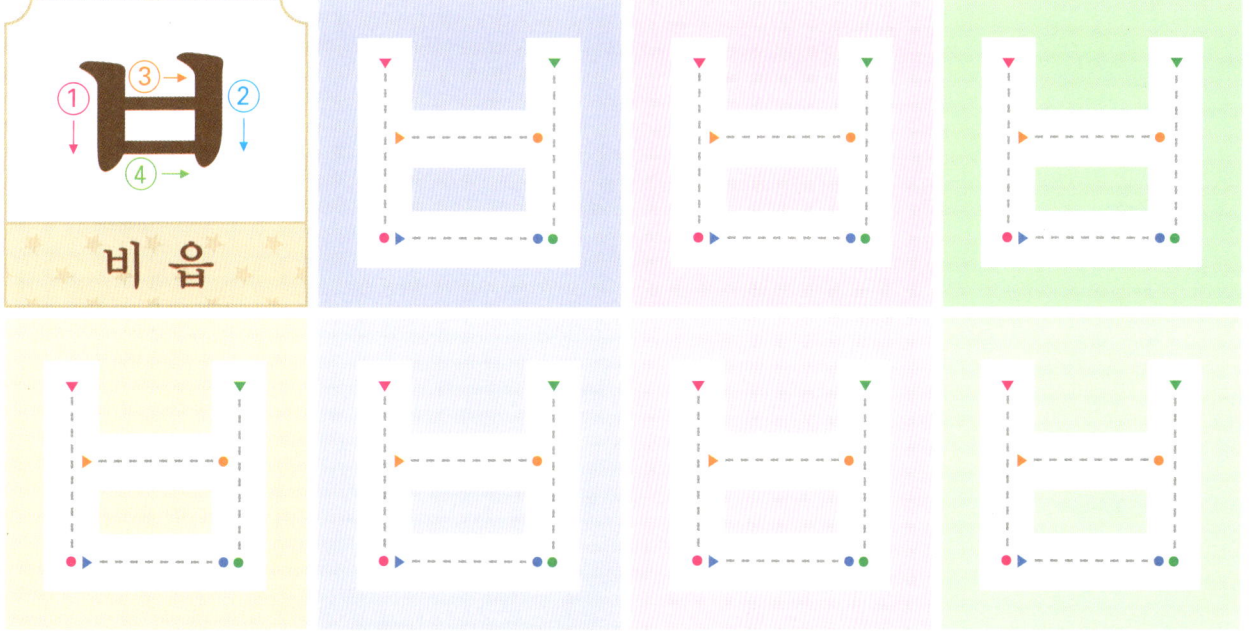

ㅁ・ㅂ 다지기

날짜 :   월   일

🎲 그림의 이름을 읽어 보고, 'ㅁ'(미음)이 들어 있는 것에 ⭕하세요.

모자   바구니   머리   버스   무지개

🎲 그림의 이름에 같은 낱자가 들어간 것끼리 줄로 이어 보세요.

부채
모기
도토리

무지개
다람쥐
보리

ㅁ·ㅂ 다지기

날짜: 월 일

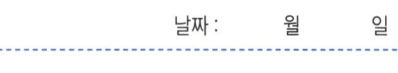

📖 읽으면서 바르게 써 보세요.

ㅁ 미음   무지개   ㅂ 비읍   바지

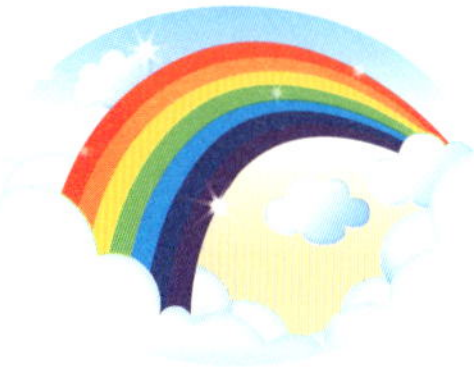

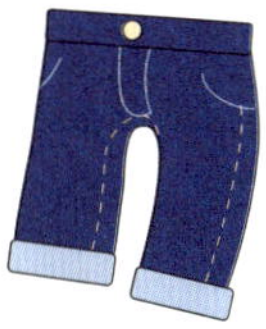

ㅅ 익히기

날짜 :   월   일

🎲 낱말을 읽어 보고, 그림에 숨어 있는 'ㅅ'(시옷)을 찾아 색칠해 보세요.

몽몽이가 사자와 시소를 타고 놀고 있어요.
양양이도 함께 놀자며 사과를 가져 왔어요.

사과
시소
ㅅ (시옷)

🎲 그림 속에 숨은그림을 찾아 보고, 낱말 옆에 그림 스티커를 붙여 보세요.

| 숨은그림 | 소라 | 사탕 |

ㅅ 쓰기

🎲 그림의 이름을 읽어 보고, 'ㅅ'(시옷)이 들어 있는 낱말에 ◯ 해 보세요.

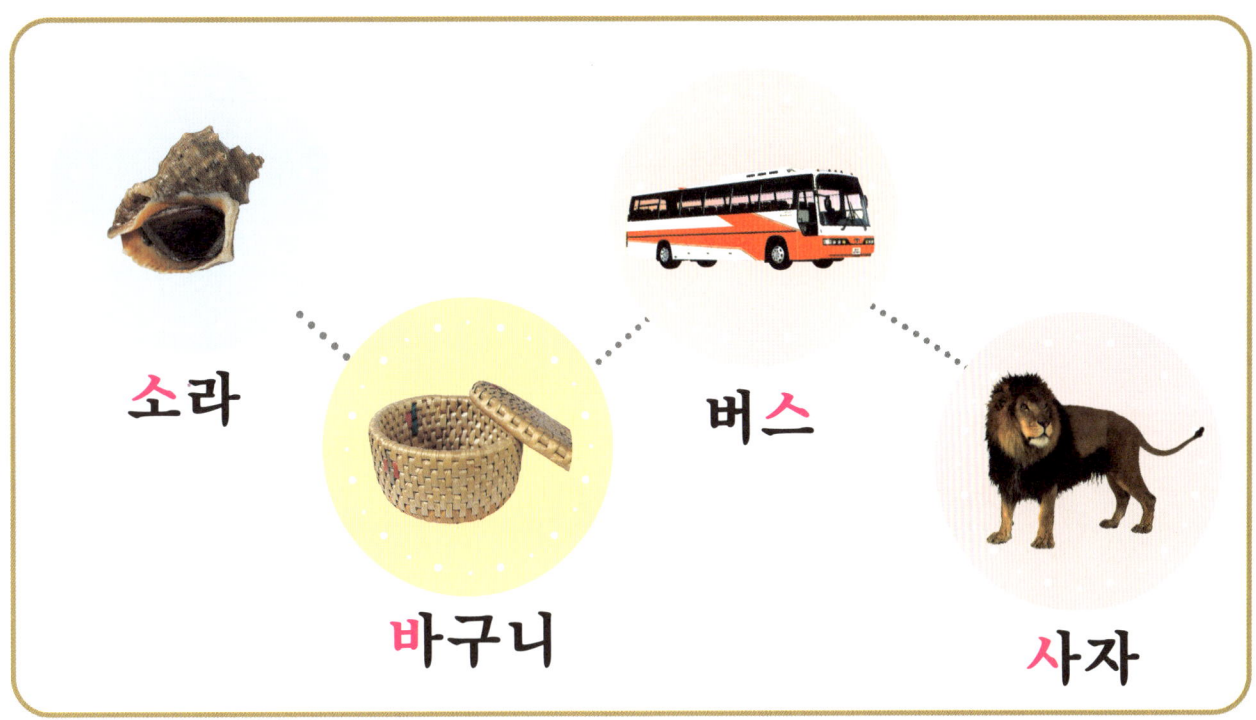

🎲 'ㅅ'(시옷)을 읽고, 바르게 써 보세요.

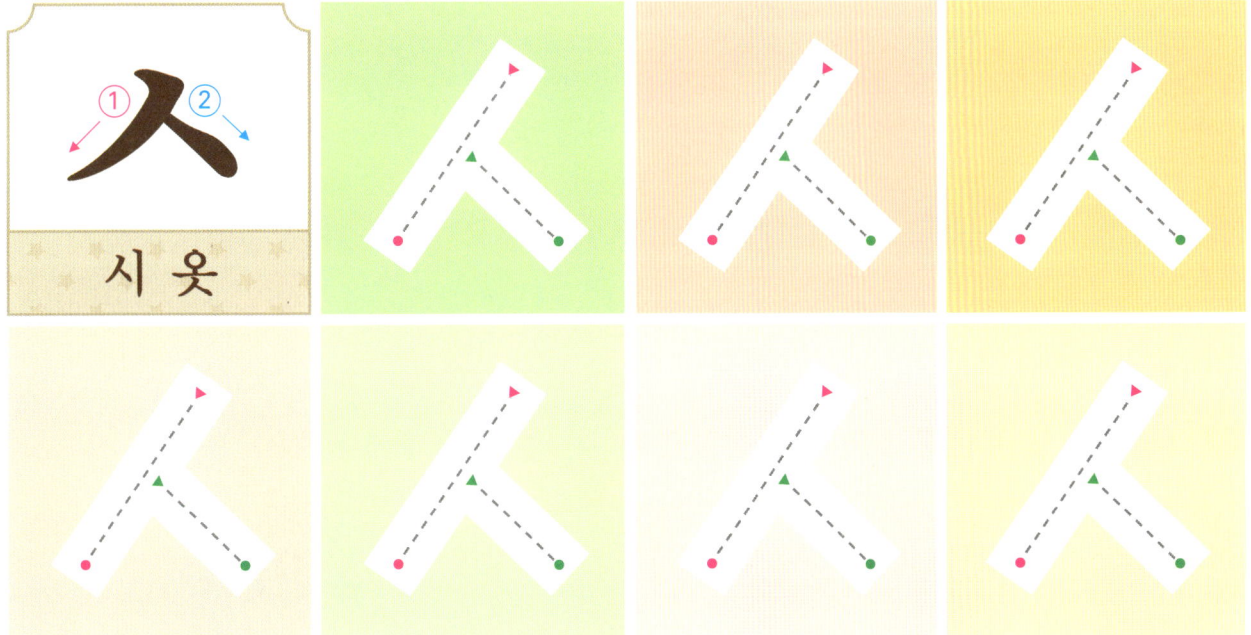

날짜: 월   일

ㅇ 익히기

🎲 낱말을 읽어 보고, 그림에 숨어 있는 'ㅇ'(이응)을 찾아 색칠해 보세요.

양양이와 몽몽이가 아기를 돌보고 있어요.
아기의 이마에 뽀뽀도 해 주었어요.

이마

아기

(이응)

🎲 그림 속에 숨은그림을 찾아 보고, 낱말 옆에 그림 스티커를 붙여 보세요.

| 숨은 그림 | 아이스크림 | 오이 |

ㅇ 쓰기

🎲 그림의 이름을 읽어 보고, 'ㅇ'(이응)이 들어 있는 낱말에 ⭕ 해 보세요.

🎲 'ㅇ'(이응)을 읽고, 바르게 써 보세요.

날짜 :   월   일

ㅅ・ㅇ 다지기

🎲 같은 낱자가 쓰여진 비눗방울끼리 같은 색으로 칠해 보세요.

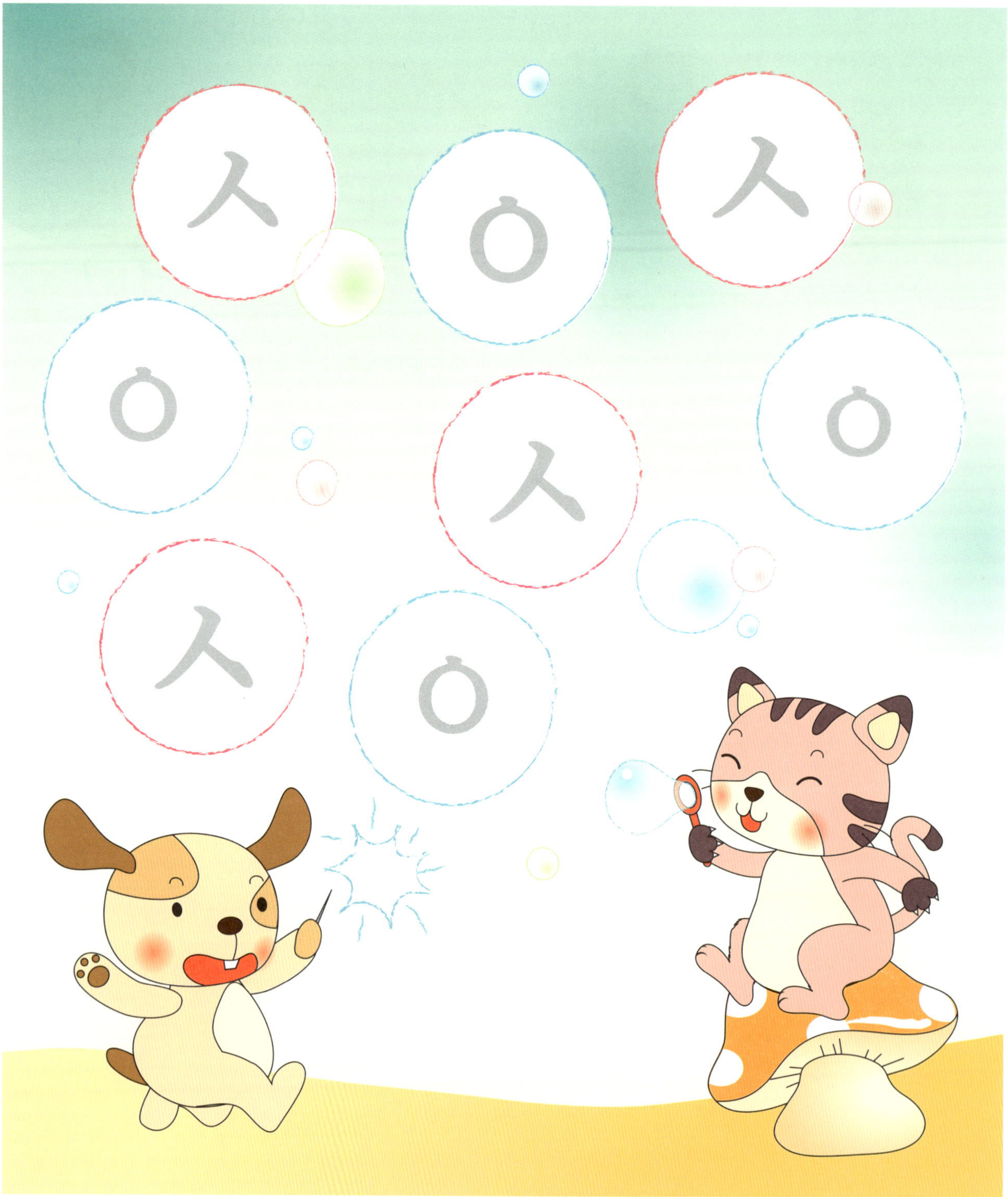

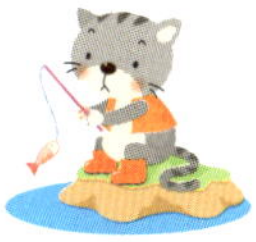

ㅅ·ㅇ 다지기

날짜: 월   일

읽으면서 바르게 써 보세요.

시옷 — 사자   이응 — 아기

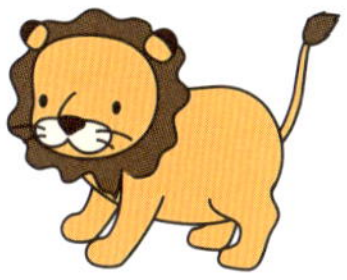

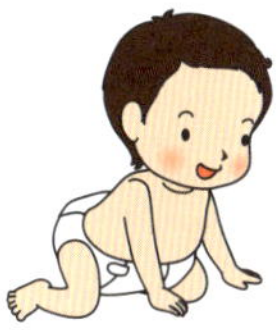

ㅁ·ㅂ·ㅅ·ㅇ 다지기

날짜: 월 일

매우잘함 잘함 보통

🎲 그림과 낱말이 같은 것끼리 줄을 이어 보세요.

미나리

시계

호박

미나리

시계

어항

어항

호박

날짜: 월   일

ㅁ·ㅂ·ㅅ·ㅇ 다지기

매우잘함 잘함 보통

🎲 낱말에 'ㅁ·ㅂ·ㅅ·ㅇ'이 들어간 그림을 찾아 ◯ 해 보세요

미나리   버스

구두   **버**섯

마스크   토마토

바나나   오이

날짜:　　　월　　　일

ㅈ 익히기

🎲 낱말을 읽어 보고, 그림에 숨어 있는 'ㅈ'(지읒)을 찾아 색칠해 보세요.

주머니 속에서 조개껍데기를 꺼낸 양양이는
친구들에게 나누어 주었어요.

주머니
조개껍데기
ㅈ (지읒)

🎲 그림 속에 숨은그림을 찾아 보고, 낱말 옆에 그림 스티커를 붙여 보세요.

| 숨은그림 | 자석 | 자두 |

ㅈ 쓰기

🎲 자동차에 여러 낱말이 들어 있어요. 'ㅈ'(지읒)이 들어 있는 자동차 바퀴를 색칠해 보세요.

🎲 'ㅈ'(지읒)을 읽고, 바르게 써 보세요.

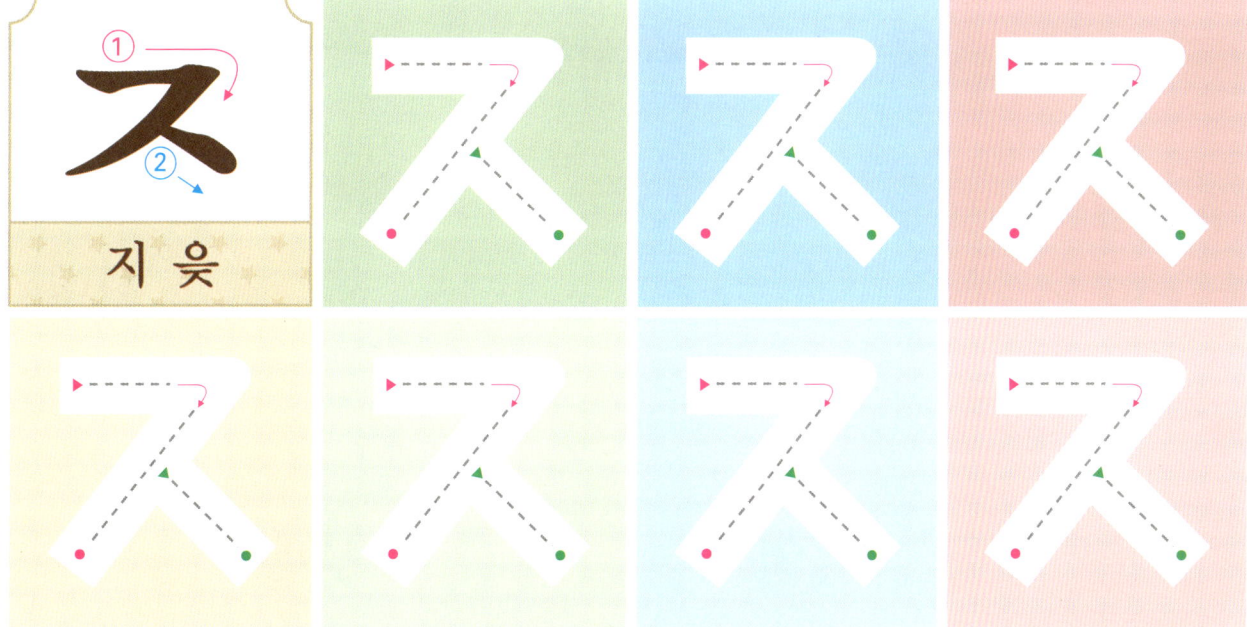

날짜: 월   일

ㅊ 익히기

🎲 낱말을 읽어 보고, 그림에 숨어 있는 'ㅊ'(치읓)을 찾아 색칠해 보세요.

몽몽이가 맛있는 치즈를 먹고 있었어요.
양양이는 치즈보다 멸치가 좋다며 멸치를 먹었어요.

멸치   치즈

ㅊ (치읓)

🎲 그림 속에 숨은 그림을 찾아 보고, 낱말 옆에 그림 스티커를 붙여 보세요.

| 숨은 그림 | 치약 | 칫솔 |

ㅊ 쓰기

🎲 '**ㅊ**'(치읓)이 들어 있는 글자를 찾아 ◯해 보세요.

🎲 '**ㅊ**'(치읓)을 읽고, 바르게 써 보세요.

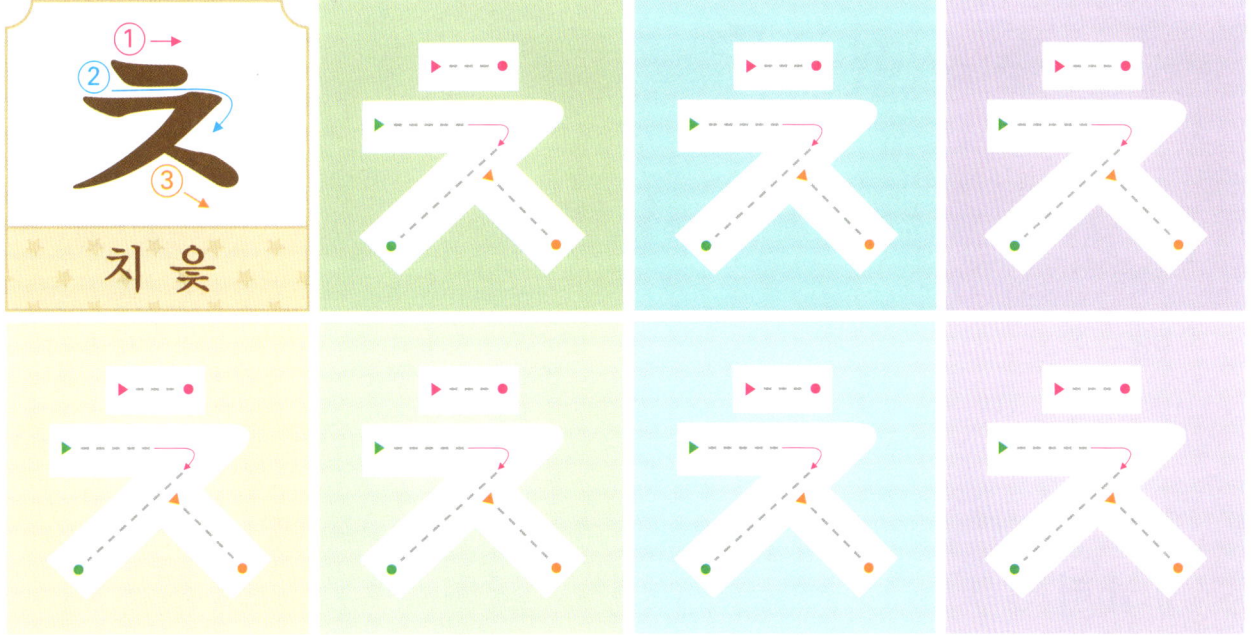

ㅈ・ㅊ 다지기

🎲 그림의 이름에 'ㅊ'(치읓)이 들어 있는 것을 찾아 색칠하세요.

🎲 그림의 이름을 읽고, 같은 낱자가 들어 있는 것끼리 선으로 이어 보세요.

날짜: 월   일

ㅈ·ㅊ 다지기

매우잘함 잘함 보통

🎲 읽으면서 바르게 써 보세요.

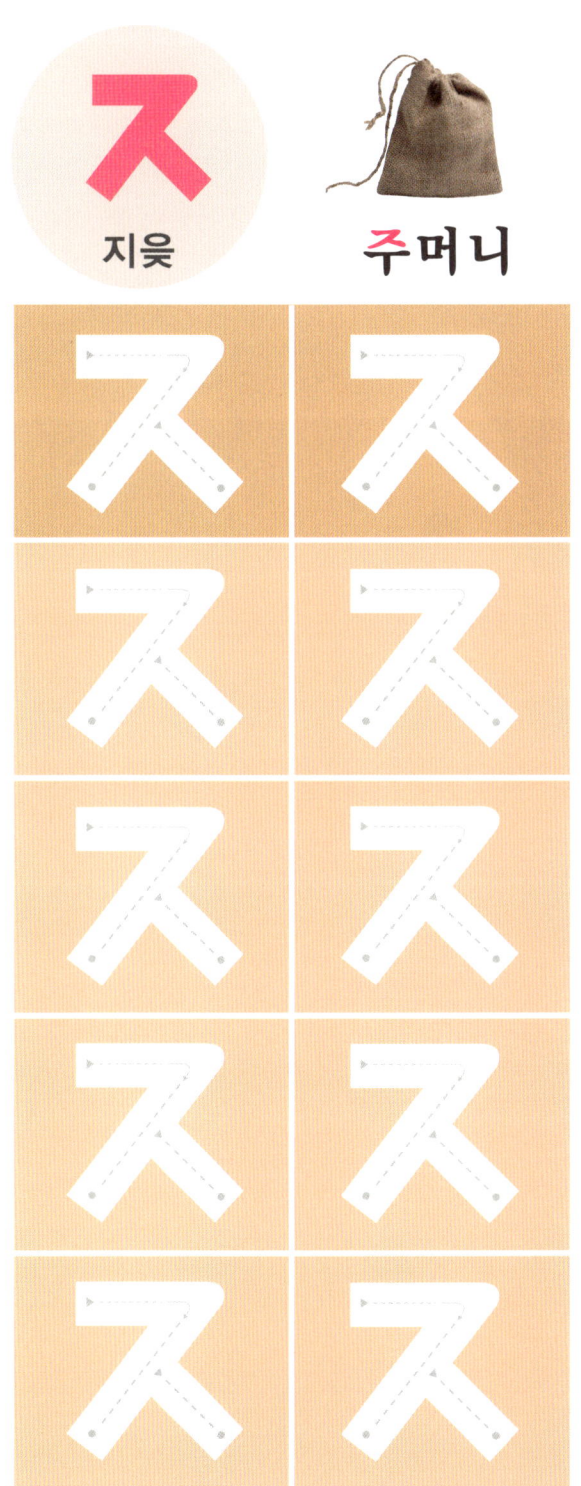

지읒   주머니

치읓   차표

1 단계 **49**

날짜 : 월 일

ㅋ 익히기

매우잘함 잘함 보통

낱말을 읽어 보고, 그림에 숨어 있는 'ㅋ'(키읔)을 찾아 색칠해 보세요.

양양이와 멍멍이가 키위를 포크로 찍어서
사이좋게 먹고 있어요.

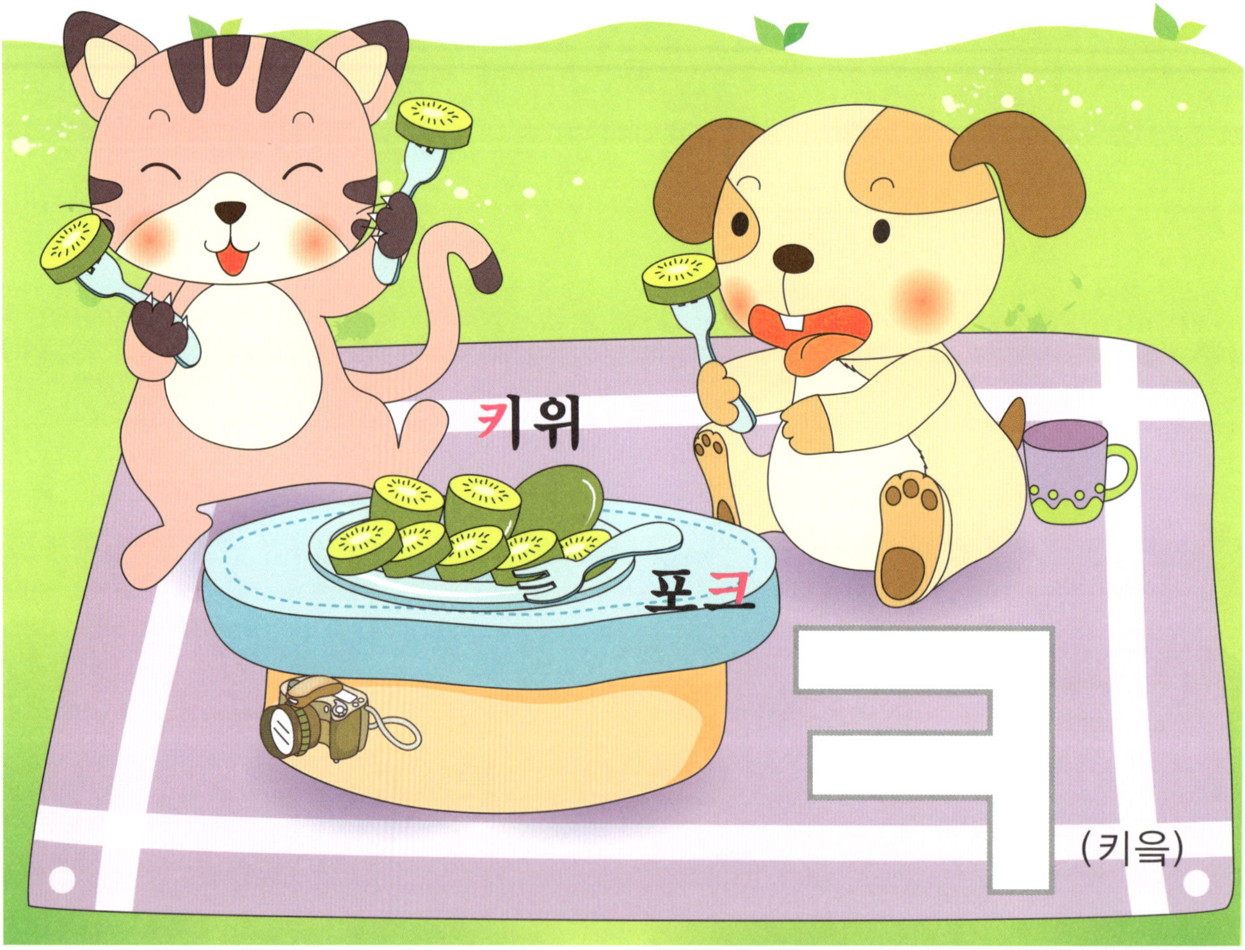

그림 속에 숨은그림을 찾아 보고, 낱말 옆에 그림 스티커를 붙여 보세요.

숨은 그림	카메라	컵

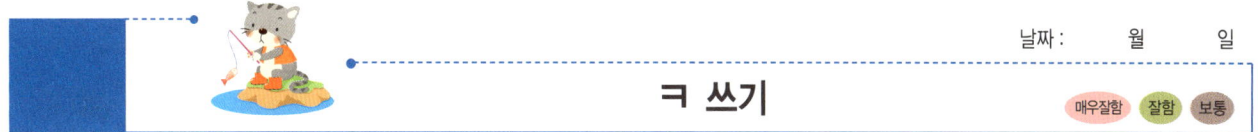

ㅋ 쓰기

🎲 'ㅋ'(키읔)이 들어 있는 카드를 초록색으로 색칠해 보세요.

🎲 'ㅋ'(키읔)을 읽고, 바르게 써 보세요.

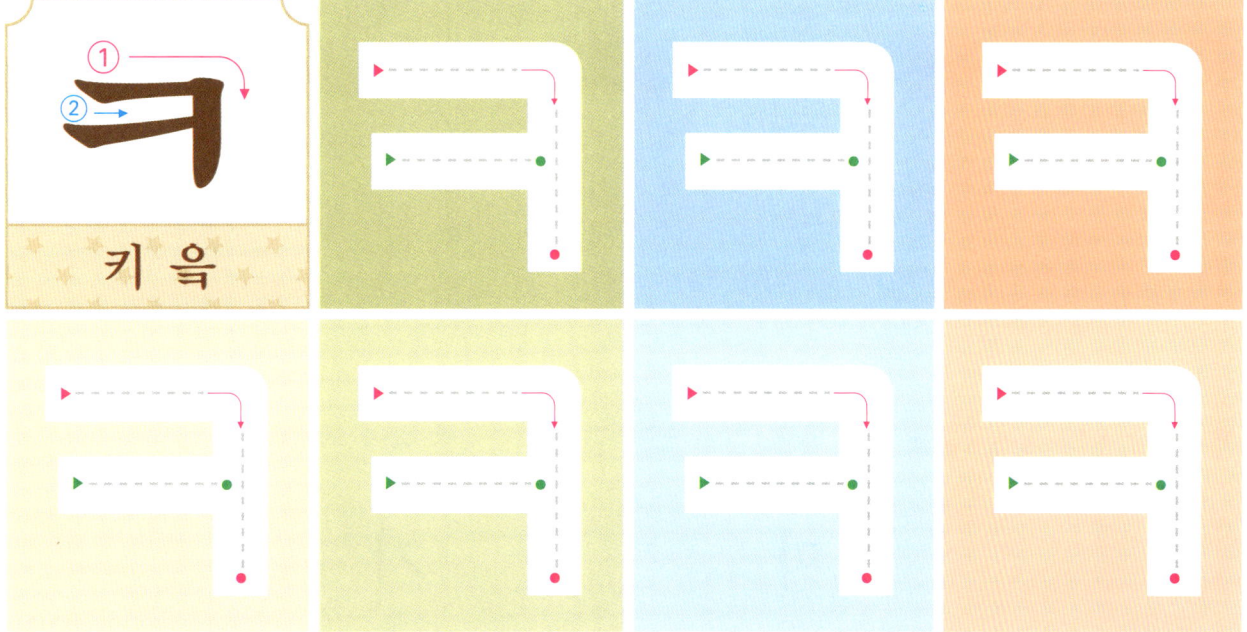

날짜 : 월 일

ㅌ 익히기

매우잘함 잘함 보통

낱말을 읽어 보고, 그림에 숨어 있는 'ㅌ'(티읕)을 찾아 색칠해 보세요.

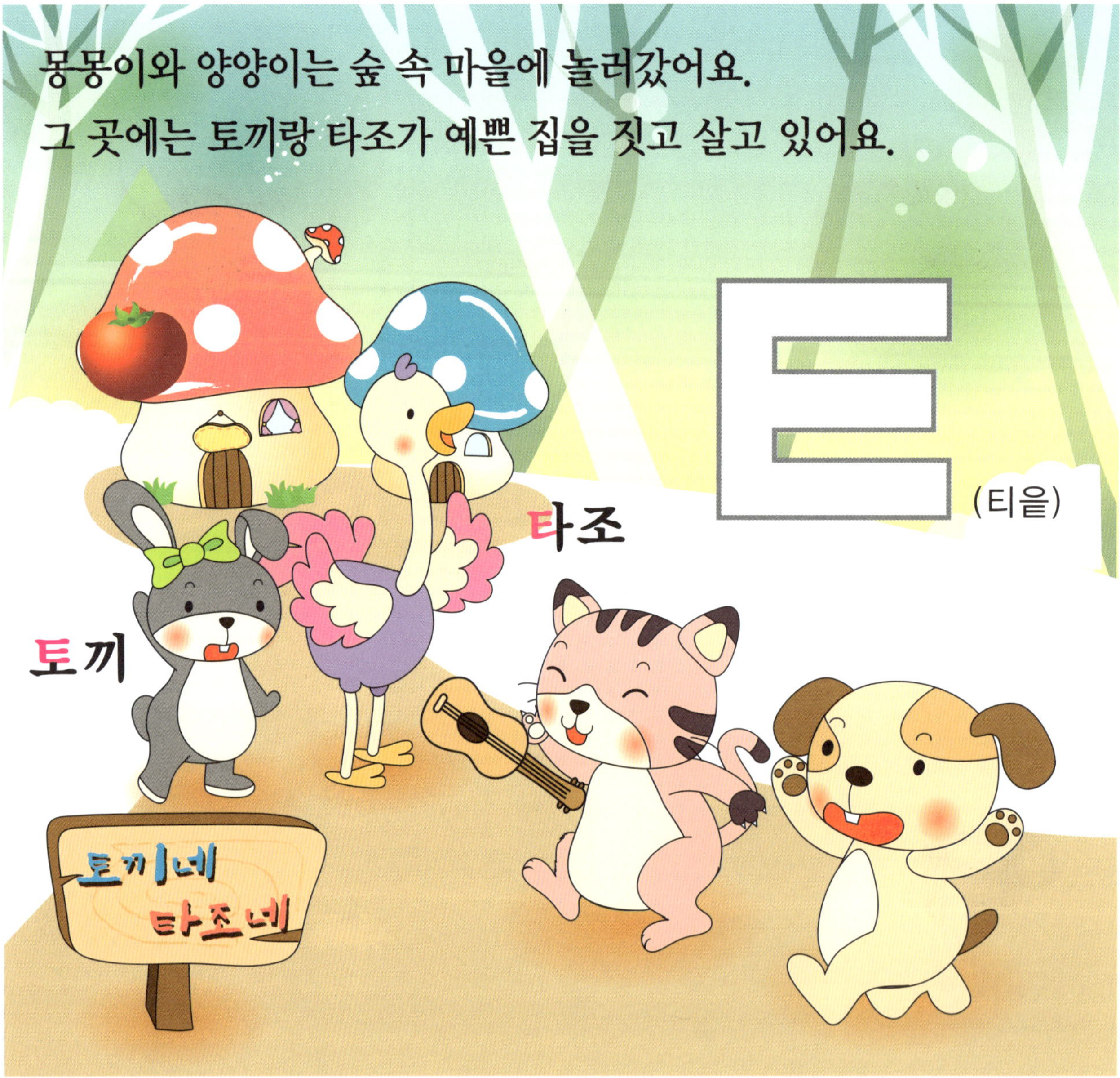

몽몽이와 양양이는 숲 속 마을에 놀러갔어요.
그 곳에는 토끼랑 타조가 예쁜 집을 짓고 살고 있어요.
ㅌ
(티읕)
타조
토끼
토끼네
타조네

그림 속에 숨은그림을 찾아 보고, 낱말 옆에 그림 스티커를 붙여 보세요.

숨은 그림	토마토	기타

ㅌ 쓰기

🎲 그림의 이름을 읽어 보고, 첫 글자에 들어 있는 낱자를 찾아 ○ 해 보세요.

🎲 'ㅌ'(티읕)을 읽고, 바르게 써 보세요.

날짜 :   월   일

ㅋ・ㅌ 다지기

🎲 그림의 이름에 'ㅌ'(티읕)이 들어 있는 것에 색칠해 보세요.

🎲 그림의 이름에 들어 있는 낱자를 찾아 선으로 이어 보세요.

날짜 :   월   일

ㅋ・ㅌ 다지기

🎲 읽으면서 바르게 써 보세요.

ㅋ   키읔   코끼리   ㅌ   티읕   토끼

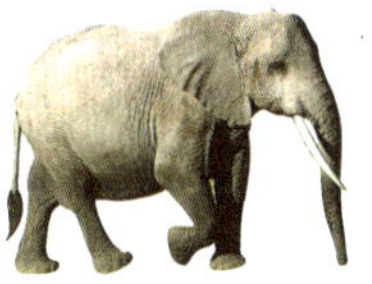

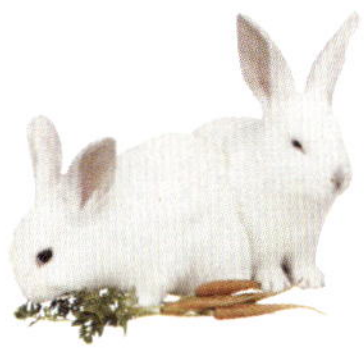

ㅈ・ㅊ・ㅋ・ㅌ 다지기

🎲 그림과 낱말이 같은 것끼리 줄을 이어 보세요.

날짜: 월 일

ㅈ·ㅊ·ㅋ·ㅌ 다지기

🎲 낱말에 'ㅈ·ㅊ·ㅋ·ㅌ'이 들어간 그림을 찾아 ○해 보세요

오리　　지우개　　딸기

배추　　컵　　오이

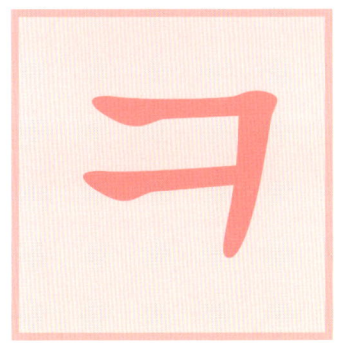

우유　　가방　　카드

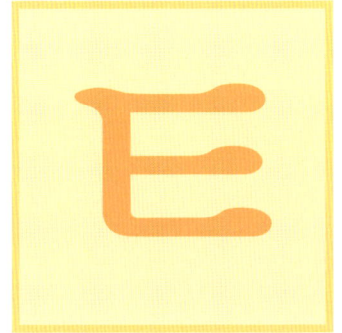

토끼　　호박　　자동차

날짜 :   월   일

ㅍ 익히기

🎲 낱말을 읽어 보고, 그림에 숨어 있는 'ㅍ'(피읖)을 찾아 색칠해 보세요.

양양이와 몽몽이는 포도밭에서 맛있는 포도를 따 먹었어요.

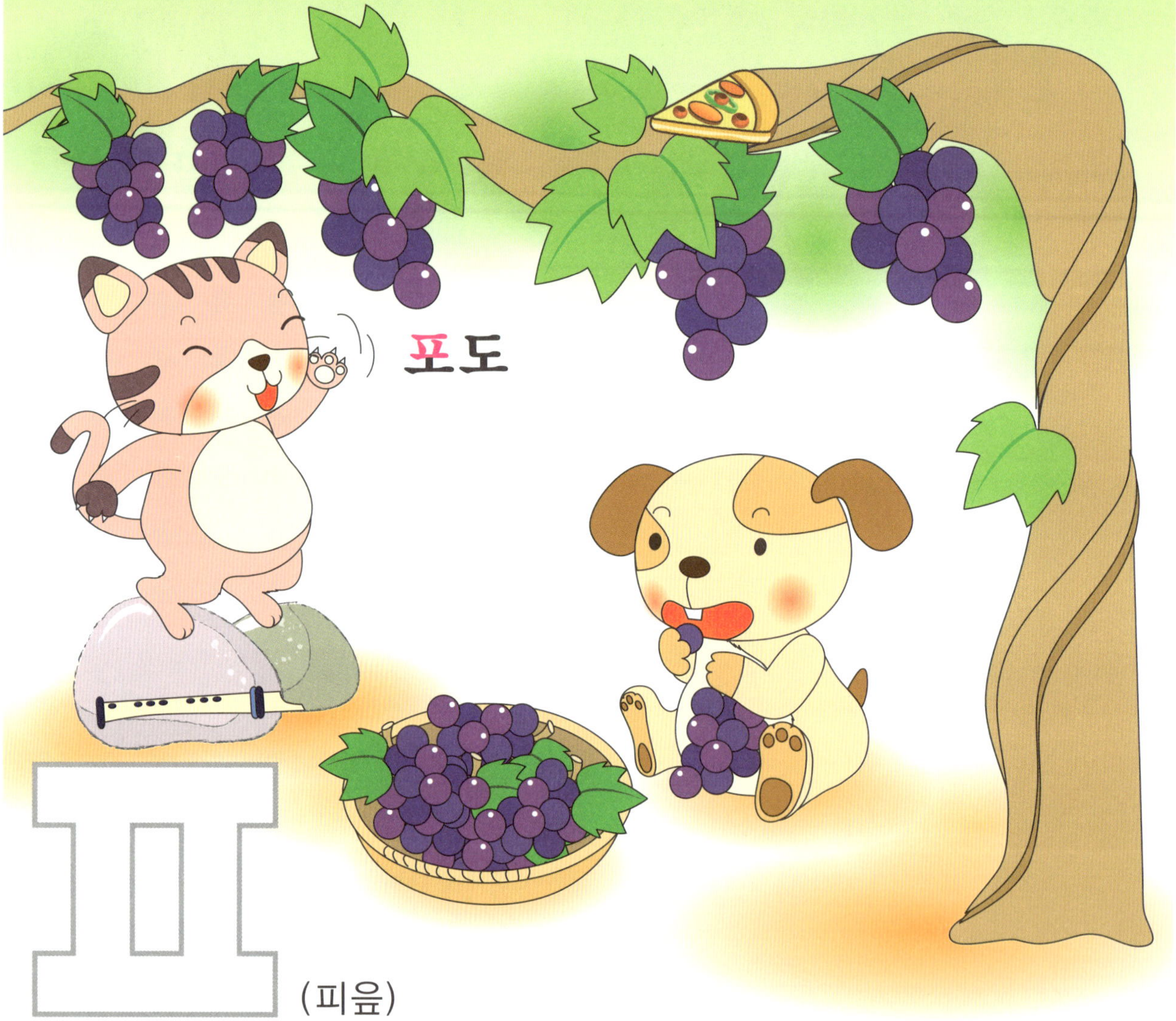

포도

ㅍ
(피읖)

🎲 그림 속에 숨은그림을 찾아 ○하고, 낱말 옆에 그림 스티커를 붙여 보세요.

피자   피리

날짜 : 월 일

ㅍ 쓰기

매우잘함 잘함 보통

🎲 포도에 쓰여진 낱말을 읽고, 'ㅍ'(피읖)이 들어 있는 포도알을 예쁘게 색칠해 보세요.

🎲 'ㅍ'(피읖)을 읽고, 바르게 써 보세요.

1 단계 59

 ㅎ 익히기

날짜: 월   일

🎲 낱말을 읽어 보고, 그림에 숨어 있는 'ㅎ'(히읗)을 찾아 색칠해 보세요.

양양이가 하마에게 해바라기 꽃을 주었어요.
하마는 너무 좋아서 활짝 웃었어요.

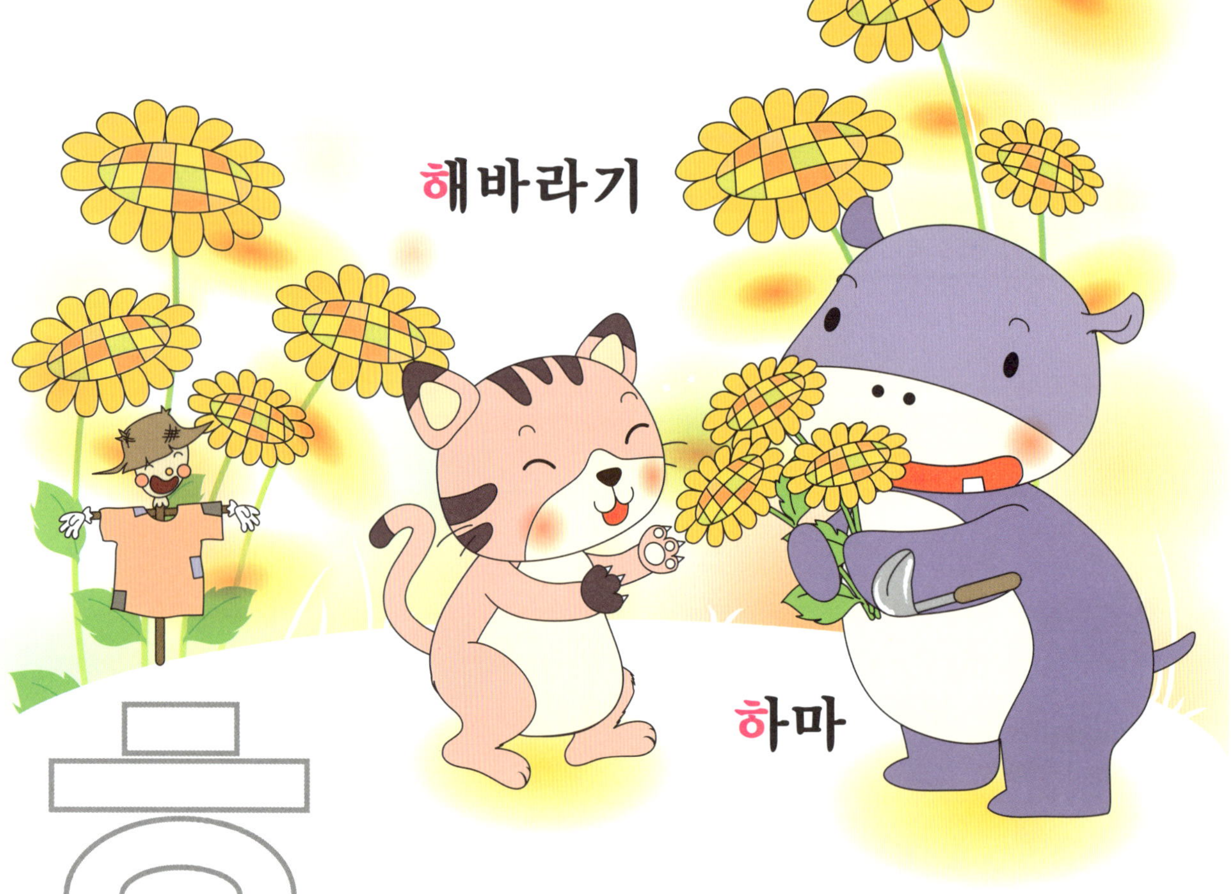

해바라기

하마

(히읗)

🎲 그림 속에 숨은그림을 찾아 ◯ 하고, 이름을 말해 보세요.

| 숨은그림 | 허수아비 | 호미 |

ㅎ 쓰기

🎲 'ㅎ'(히읗)이 들어 있는 단어를 찾아 그림과 연결해 보세요.

🎲 'ㅎ'(히읗)을 읽고, 바르게 써 보세요.

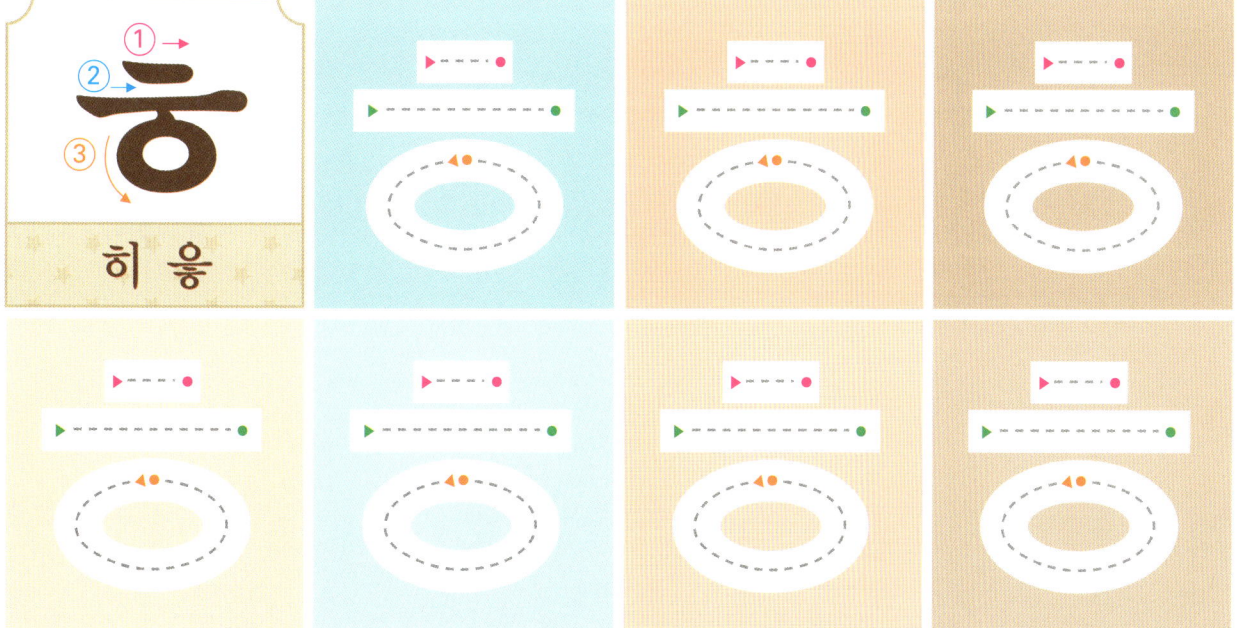

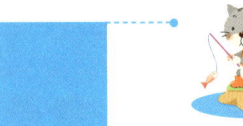

날짜: 월 일

ㅍ・ㅎ 다지기

🎲 그림의 이름에 들어 있는 낱자와 같은 것을 찾아 연결해 보세요.

🎲 카드에 있는 낱자가 들어간 낱말을 찾아 ○해 보세요.

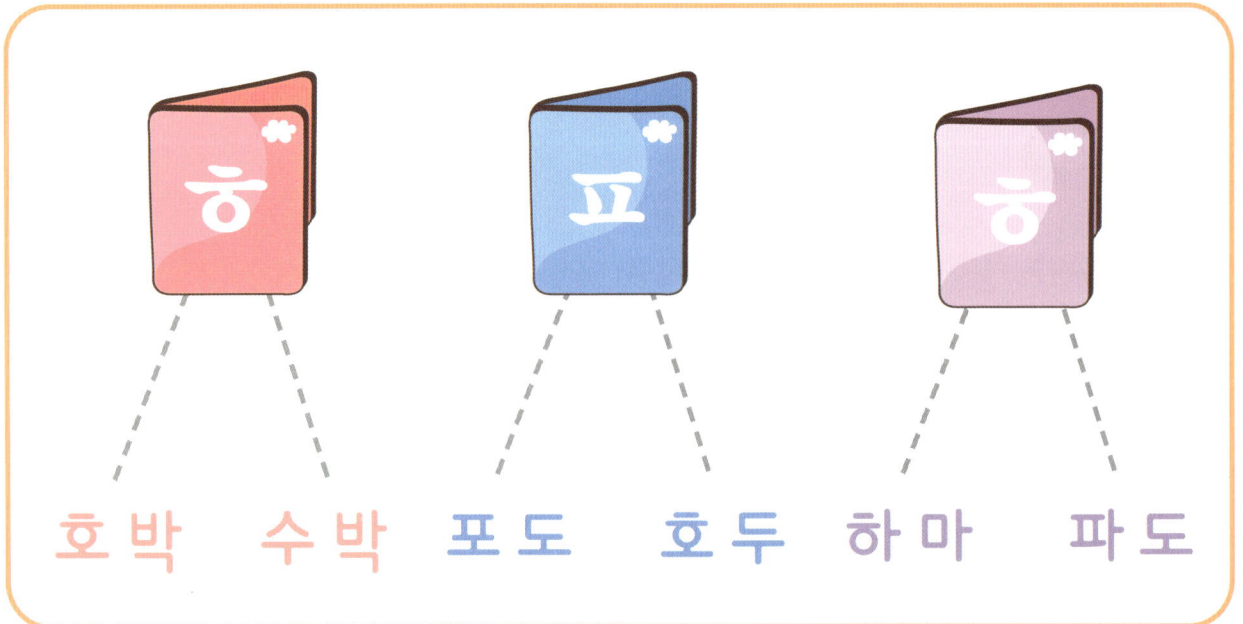

ㅍ·ㅎ 다지기

날짜: 월 일

🎲 읽으면서 바르게 써 보세요.

피읖 피아노

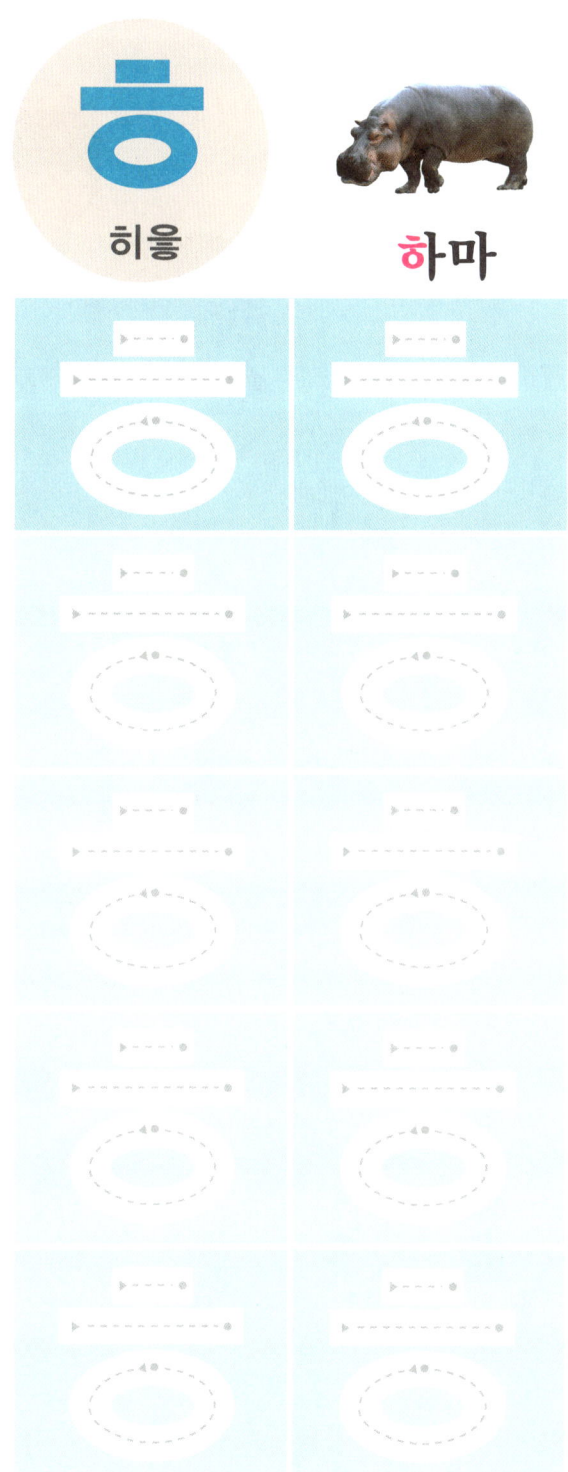

히읗 하마

ㅏ 익히기

날짜 :   월   일

🎲 우리 가족은 엄마, 아빠, 오빠, 나, 네 식구예요.
그림 속에 낱말을 소리내어 읽어 보세요.

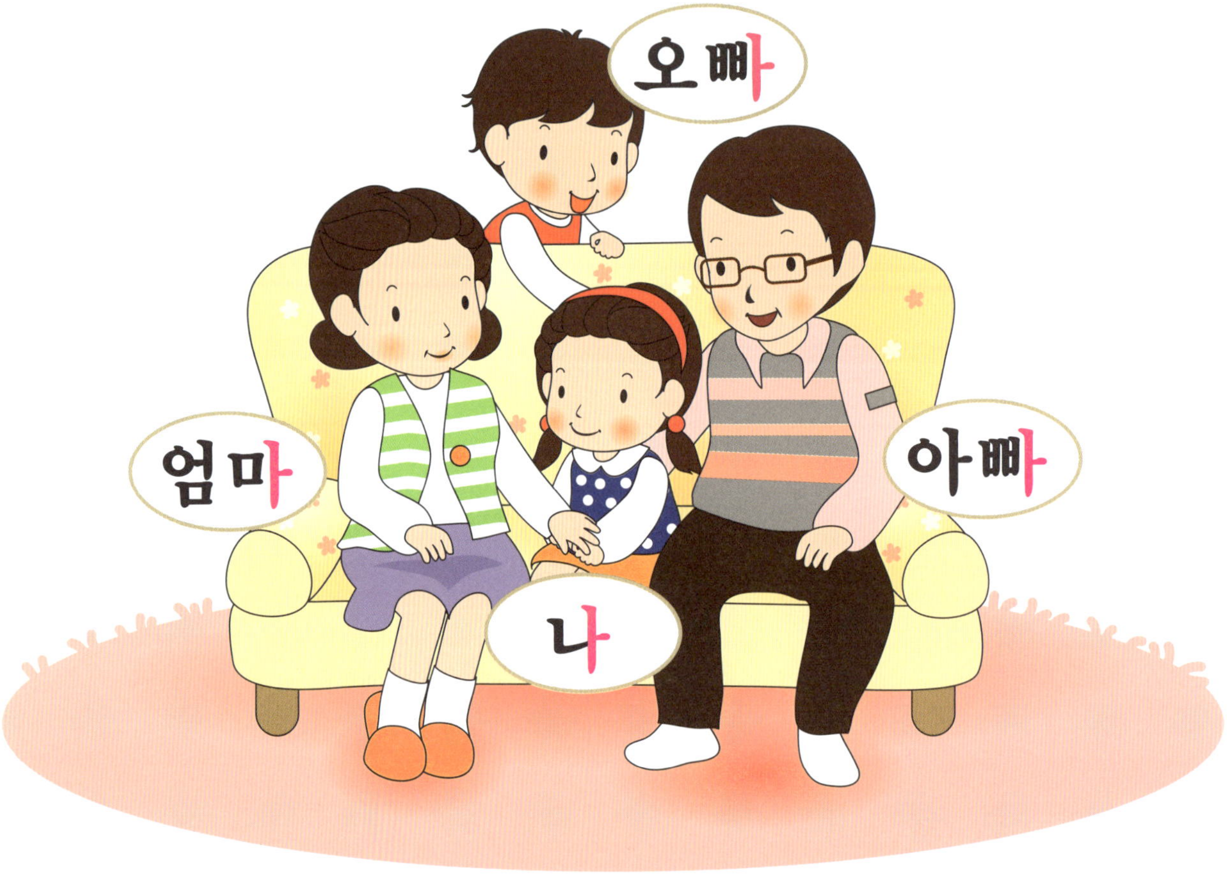

🎲 우리 가족이에요. 'ㅏ'(아)가 들어 있는 낱말 스티커를 붙여 보세요.

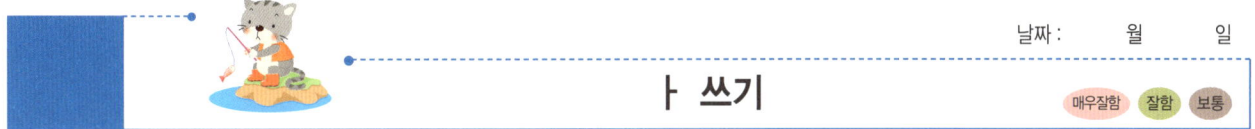

ㅏ 쓰기

🎲 'ㅏ'(아)가 쓰여있는 곳으로만 줄을 그으며 길을 따라가 보세요.

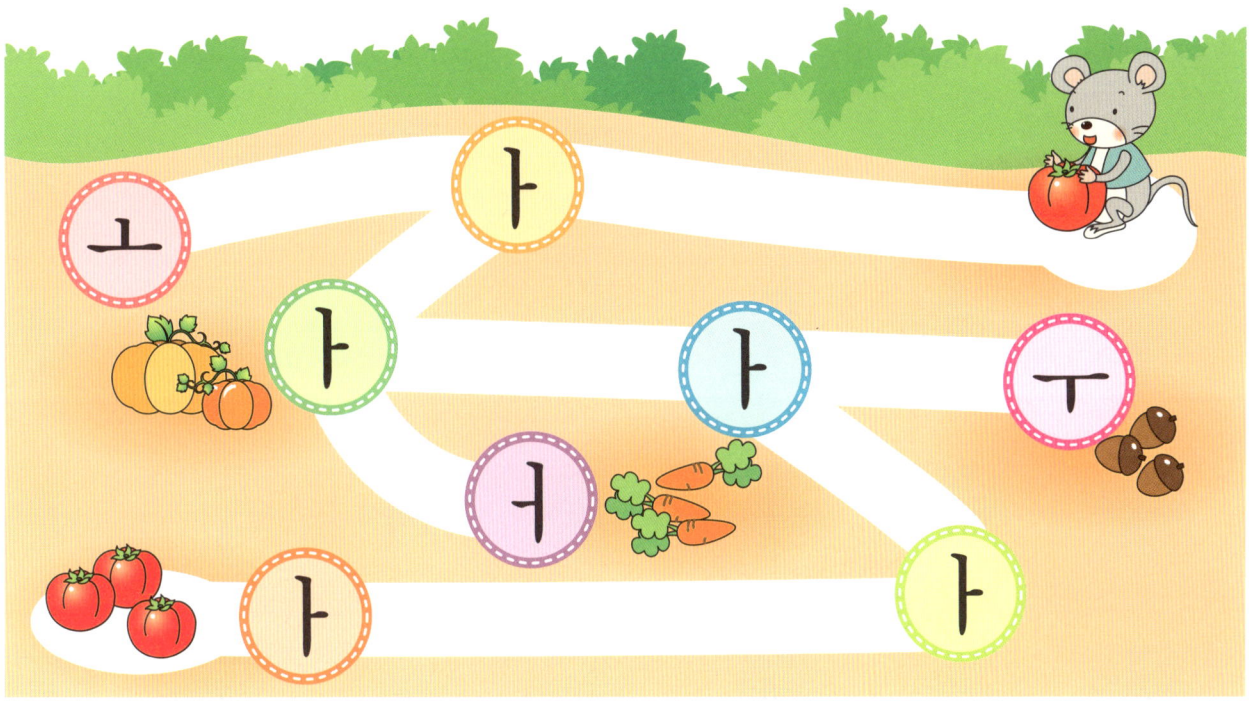

🎲 'ㅏ'(아)를 읽으면서 바르게 써 보세요.

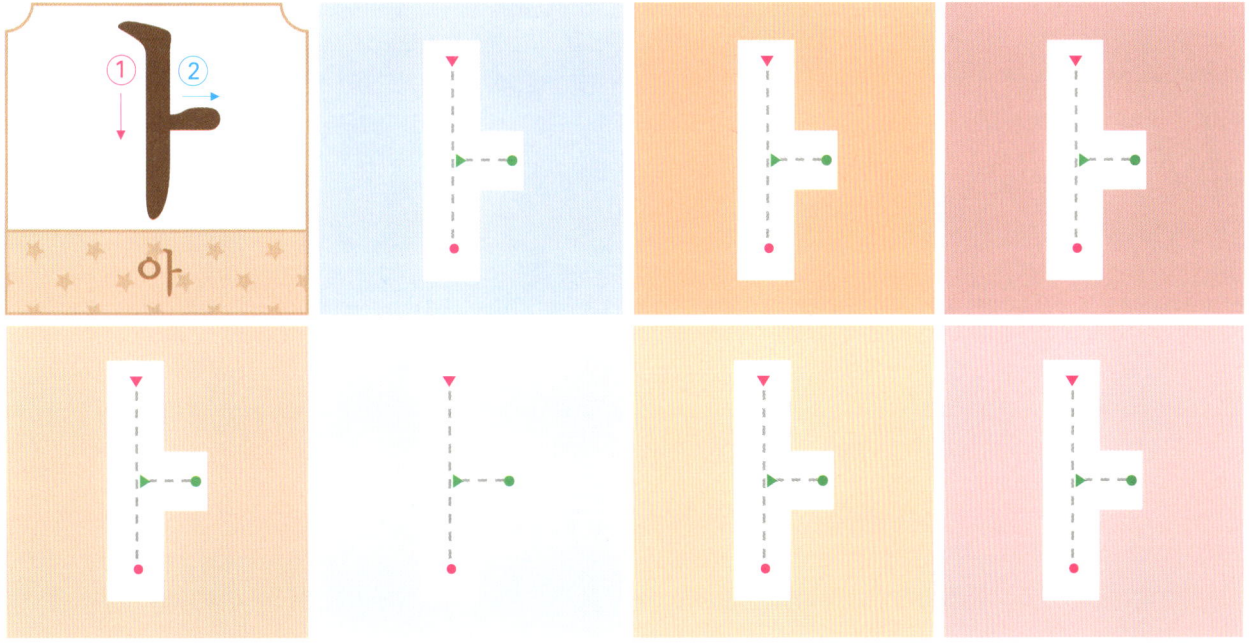

ㅑ 익히기

🎲 'ㅑ'(야)를 색칠하고, 낱말을 읽어 보세요.

동물친구들이 모여 앉아 야채를 먹고 있어요.

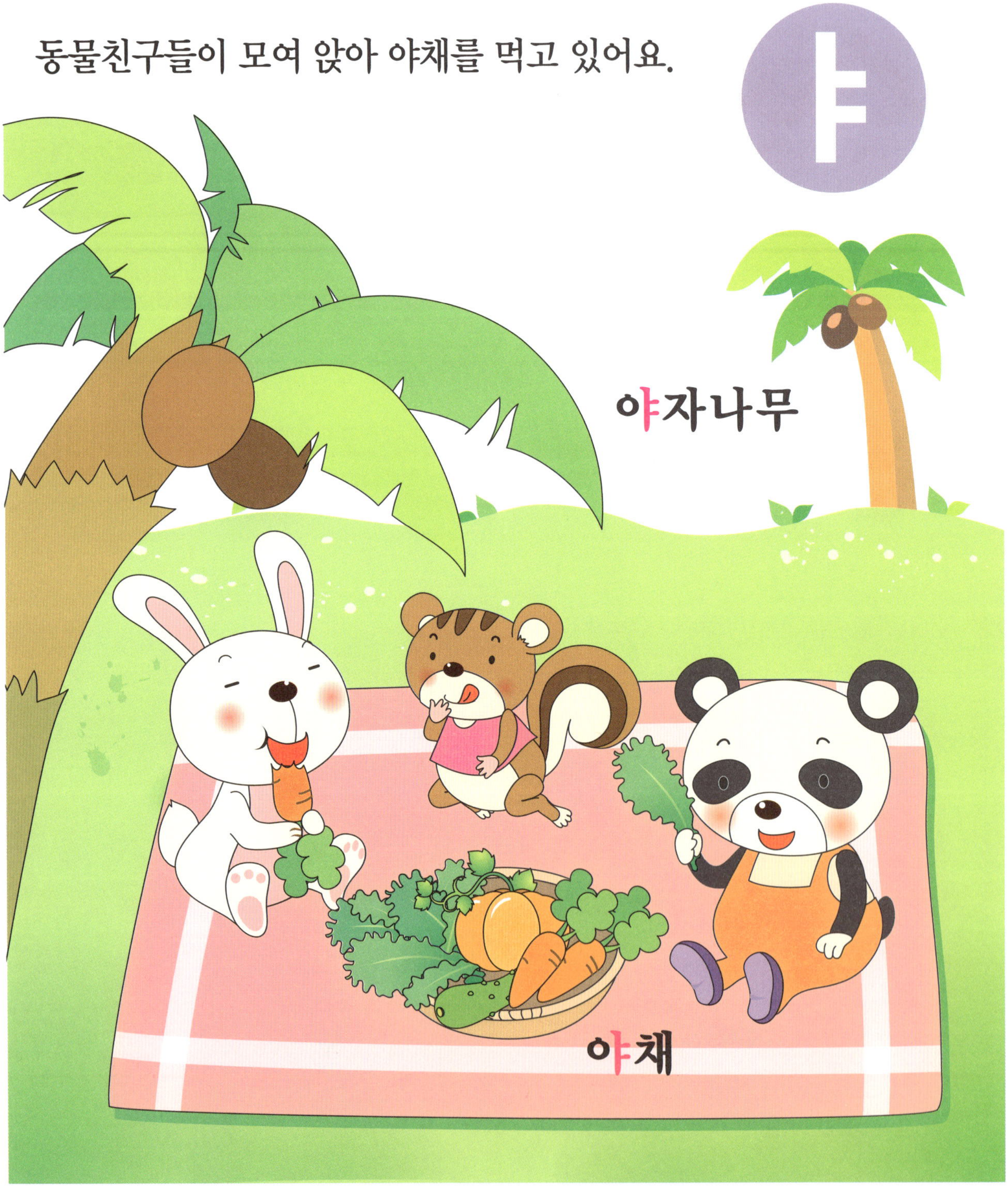

야자나무

야채

날짜: 월   일

ㅑ 쓰기

🎲 'ㅑ'(야)가 쓰여진 집을 찾아 예쁘게 색칠해 보세요.

🎲 'ㅑ'(야)를 읽으면서 바르게 써 보세요.

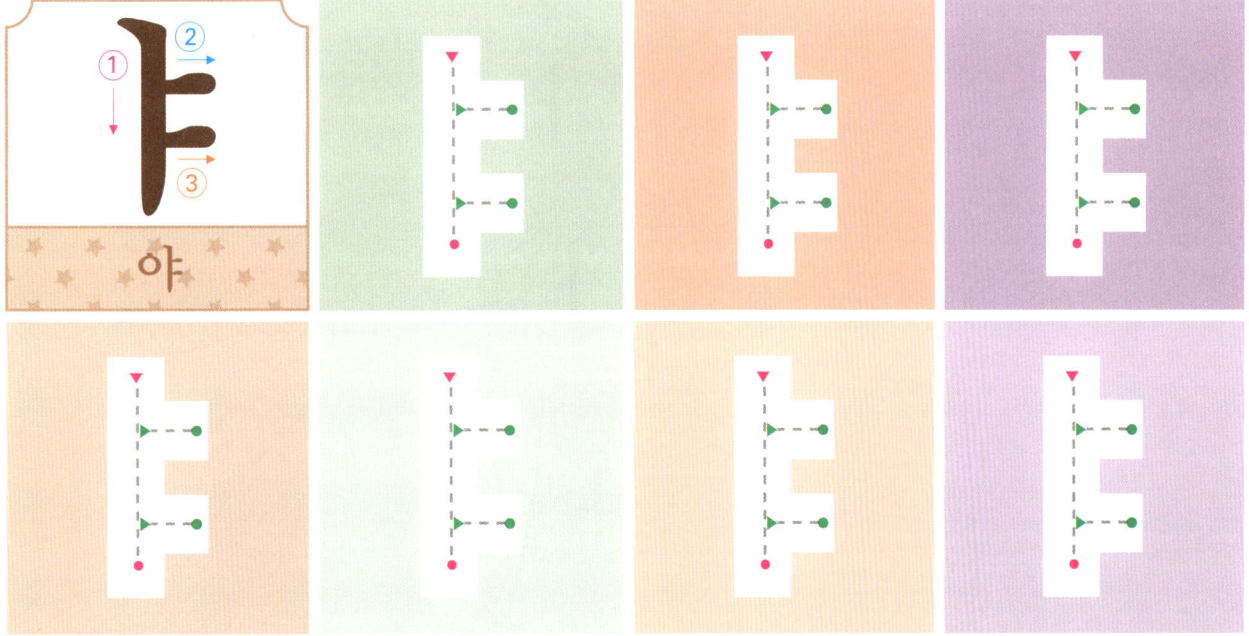

날짜: 월 일

ㅏ・ㅑ 다지기

🎲 그림의 이름을 찾아 선으로 이어 보세요.

야 구   야 채   야자나무

🎲 'ㅏ'(아)와 'ㅑ'(야)가 쓰여진 곳을 색칠하면 무엇이 되는지 이야기 해 보세요.

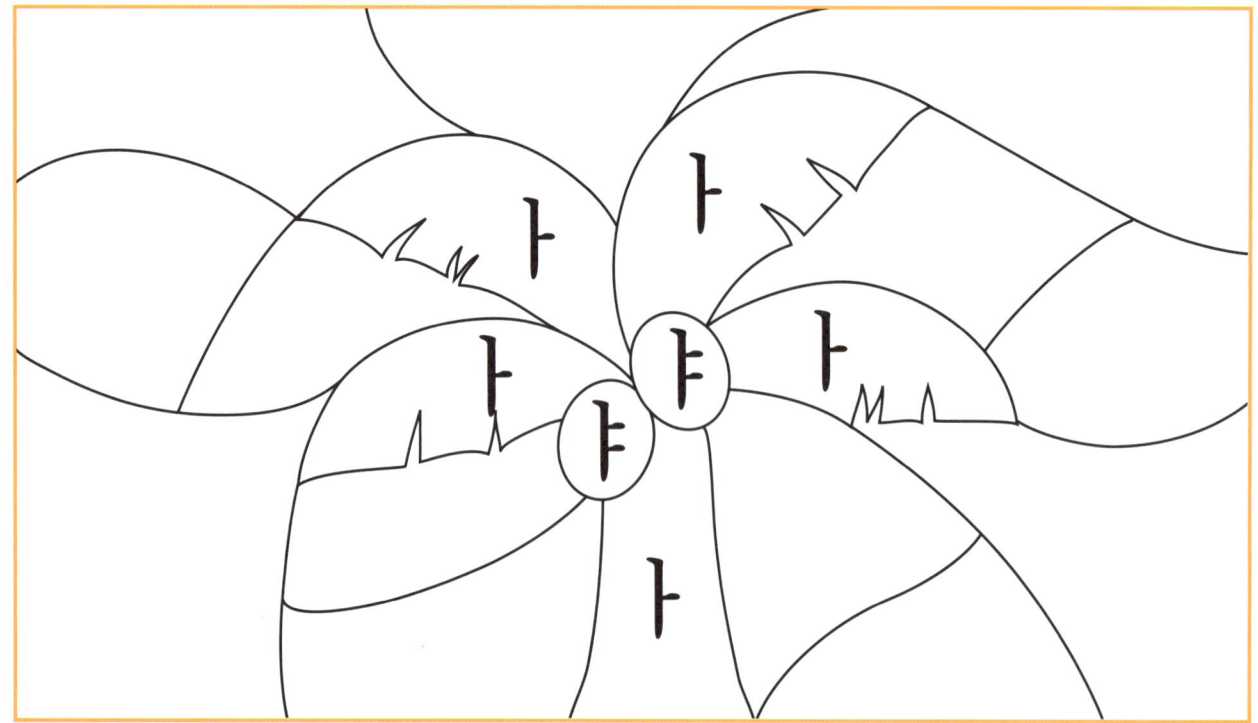

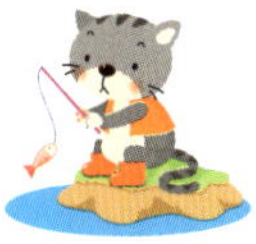

ㅏ·ㅑ 다지기

읽으면서 바르게 써 보세요.

아   아이스크림   야   야구

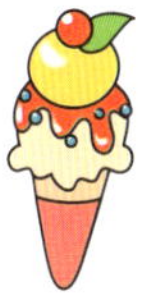

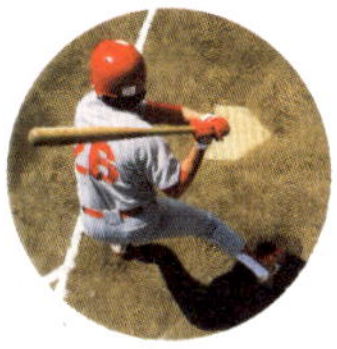

날짜: 월   일

ㅓ 익히기

매우잘함 잘함 보통

🎲 낱말을 읽어 보고, 'ㅓ'(어)가 들어 있는 글자에 ◯ 해 보세요.

동물친구들이 소풍을 나왔어요.

너구리

두더지

거위

🎲 'ㅓ'(어)가 들어 있는 동물의 이름을 읽어 보세요.

너구리   거위   두더지

ㅓ 쓰기

🎲 그림을 보고, 낱말을 읽어 보세요.

🎲 'ㅓ'(어)를 읽으면서 바르게 써 보세요.

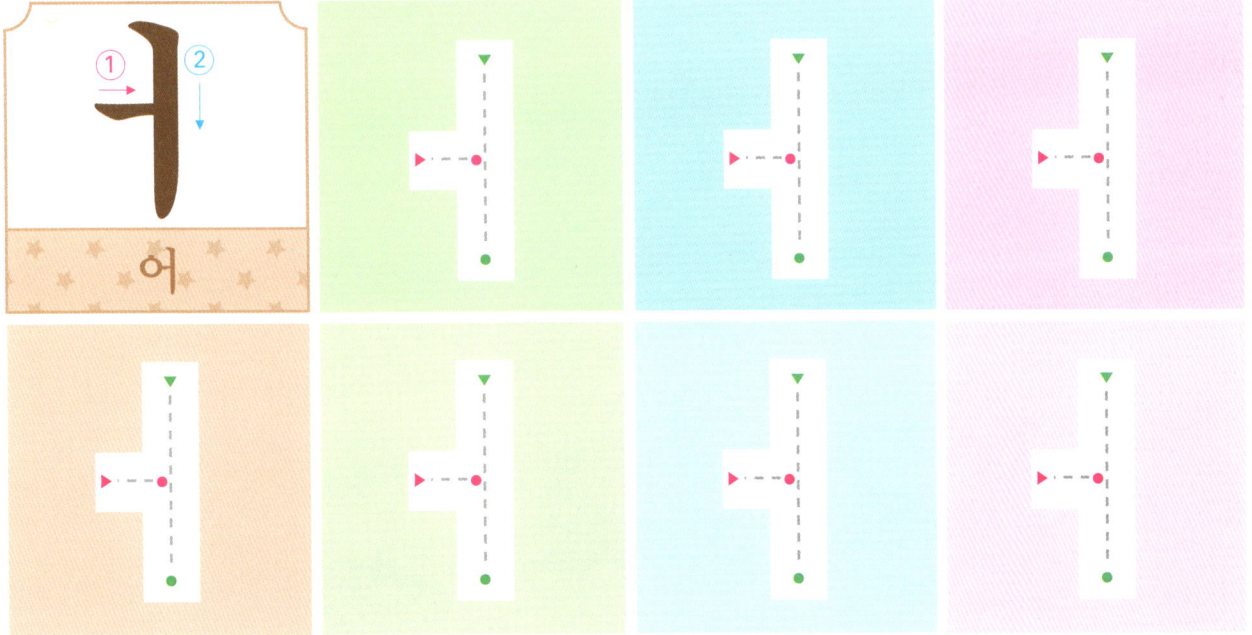

ㅕ 익히기

🎲 'ㅕ'(여)가 있는 길을 따라가 보세요.

ㅕ 쓰기

🎲 'ㅕ'(여)가 들어 있는 낱말을 찾아 ○ 해 보세요.

🎲 'ㅕ'(여)를 읽으면서 바르게 써 보세요.

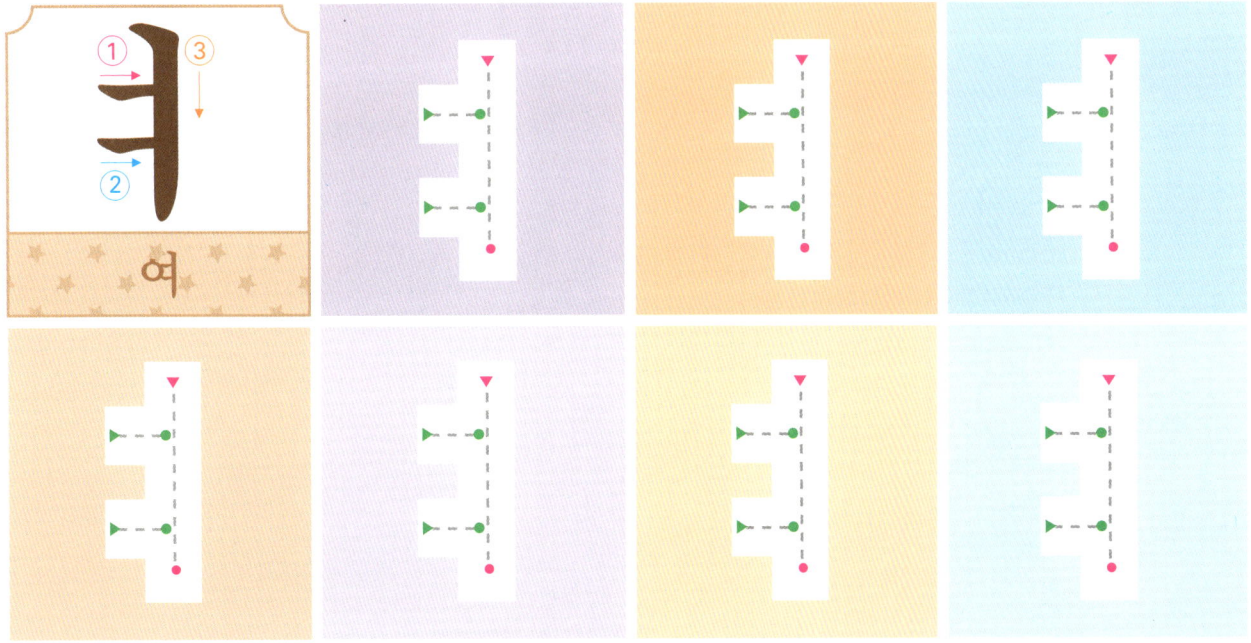

ㅓ·ㅕ 다지기

🎲 그림의 이름에 'ㅕ'(여)가 들어 있는 것을 따라가 보세요.

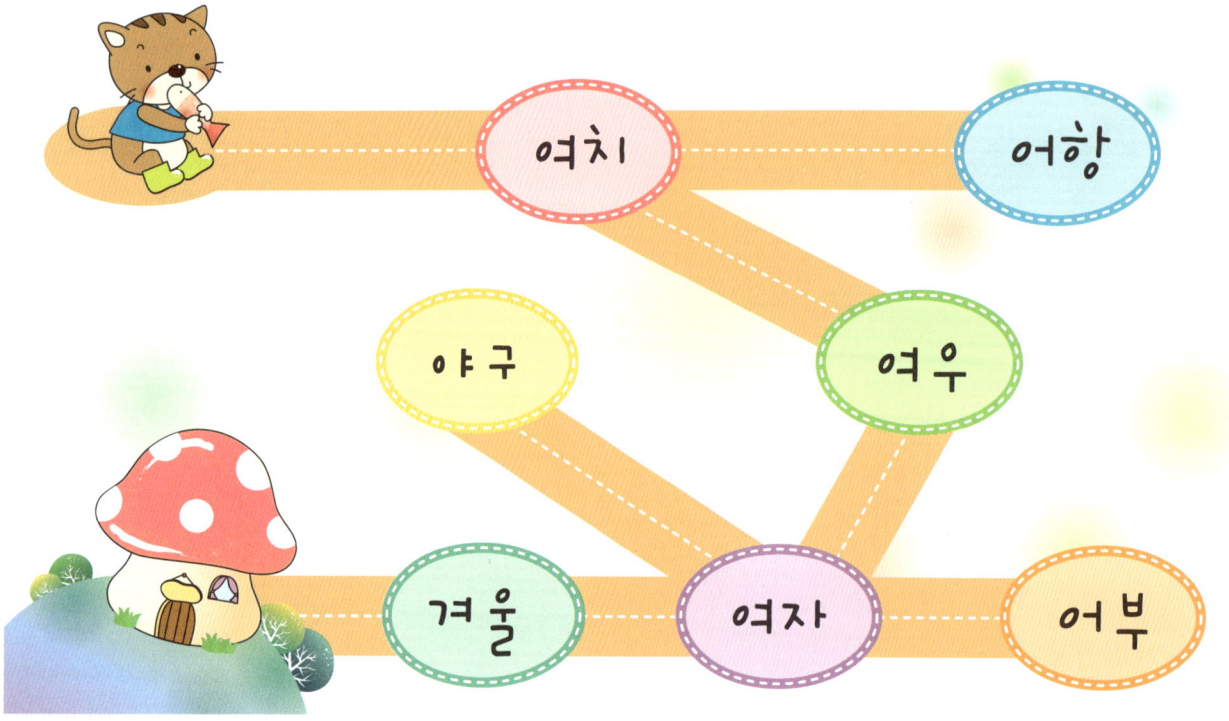

🎲 'ㅕ'(여)가 들어 있는 그림을 찾아 모두 색칠하세요.

날짜 : 월 일

ㅓ • ㅕ 다지기

매우잘함 잘함 보통

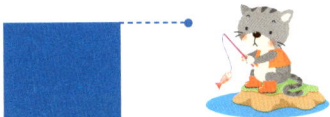

읽으면서 바르게 써 보세요.

ㅓ

어

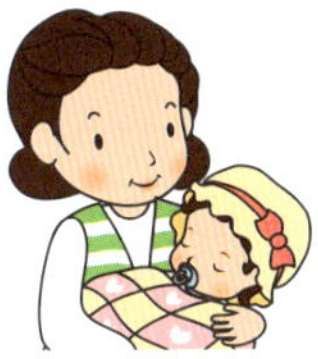

어머니

ㅕ

여

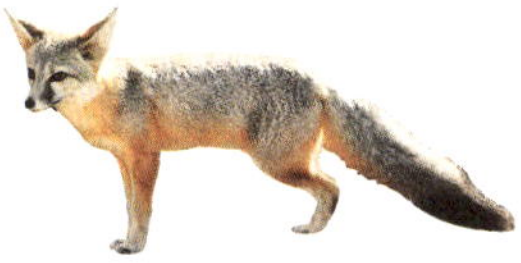

여우

날짜 : 월 일

ㅏ • ㅑ • ㅓ • ㅕ 다지기

매우잘함 잘함 보통

아기가 엄마를 찾아가요. 'ㅏ→ㅑ→ㅓ→ㅕ'의 순서대로 길을 따라가 보세요.

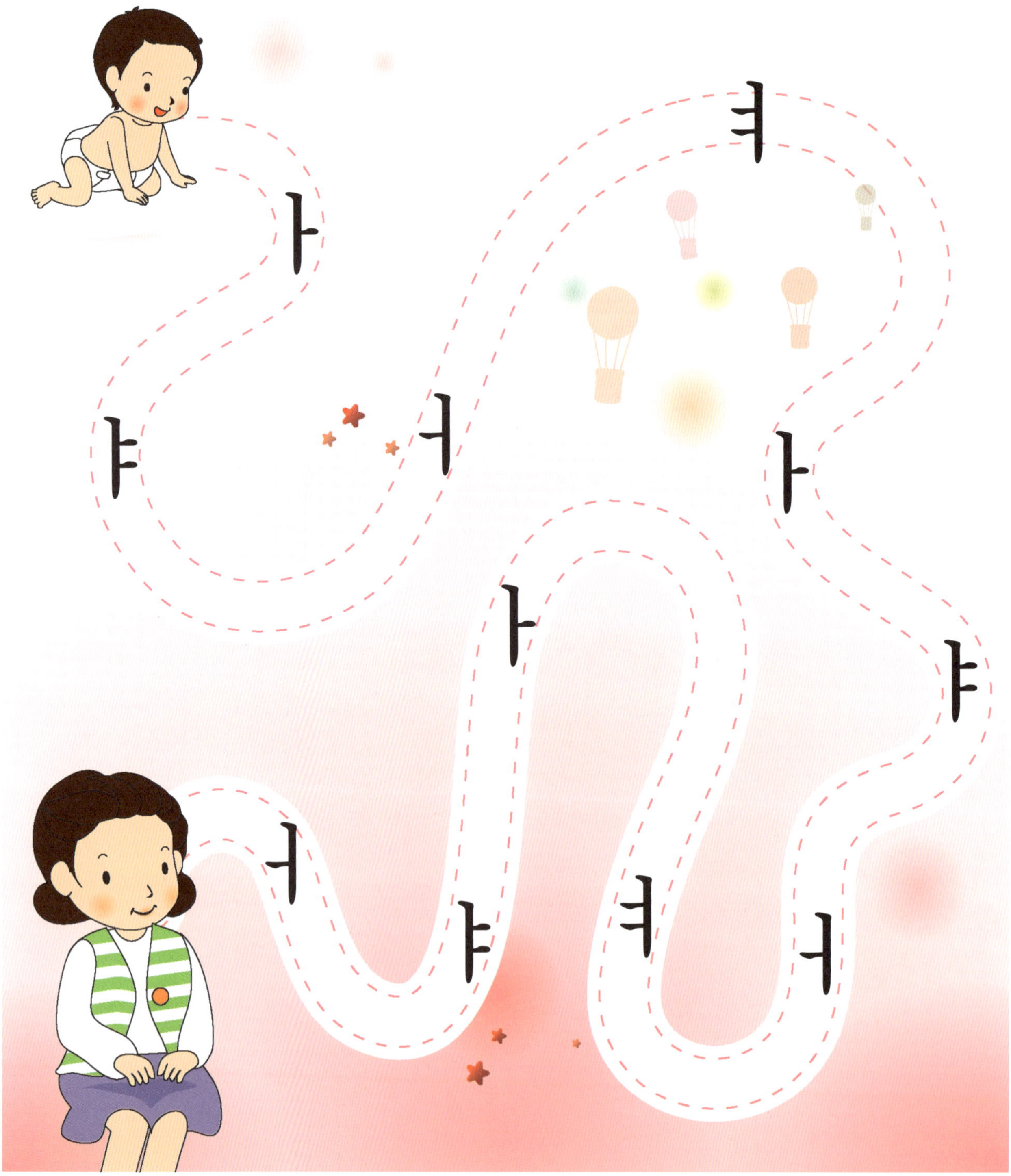

날짜: 월   일

ㅏ·ㅑ·ㅓ·ㅕ 다지기

매우잘함 잘함 보통

🎲 낱말에 'ㅏ·ㅑ·ㅓ·ㅕ'가 들어 있는 그림을 찾아 ○해 보세요.

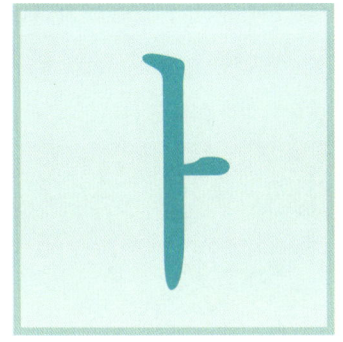

아버지   비둘기   아기

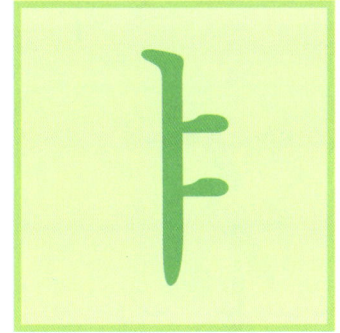

사자   야채   야구

어머니   고양이   어부

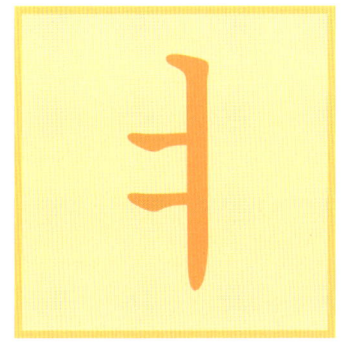

돼지   여자   여우

날짜 :   월   일

ㅗ 익히기

🎲 열매의 이름을 읽고, 그림에 맞는 낱말 스티커를 붙여 보세요.

포도

호박

토마토

오이

ㅗ 쓰기

🎲 동물원에는 여러 동물들이 있어요. 그림의 이름에서 'ㅗ'(오)가 들어 있는 그림에 ○해 보세요.

🎲 'ㅗ'(오)를 읽으면서 바르게 써 보세요.

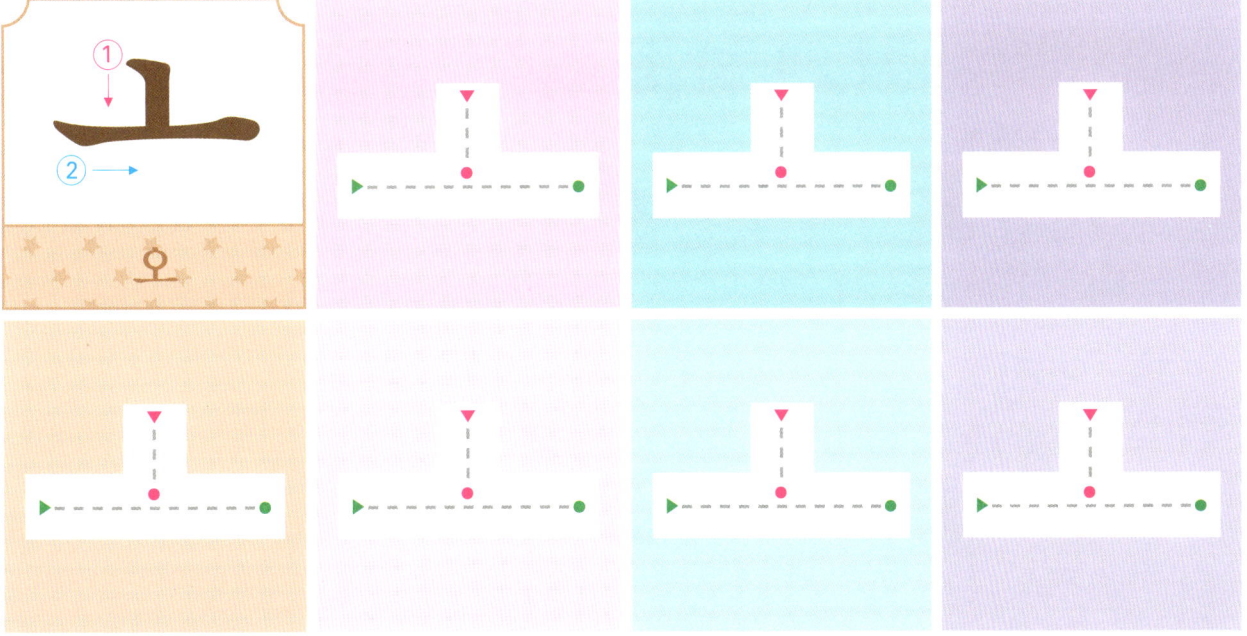

ㅛ 익히기

매우잘함 잘함 보통

그림에 공통으로 들어 있는 낱자를 찾아 ○해 보세요.

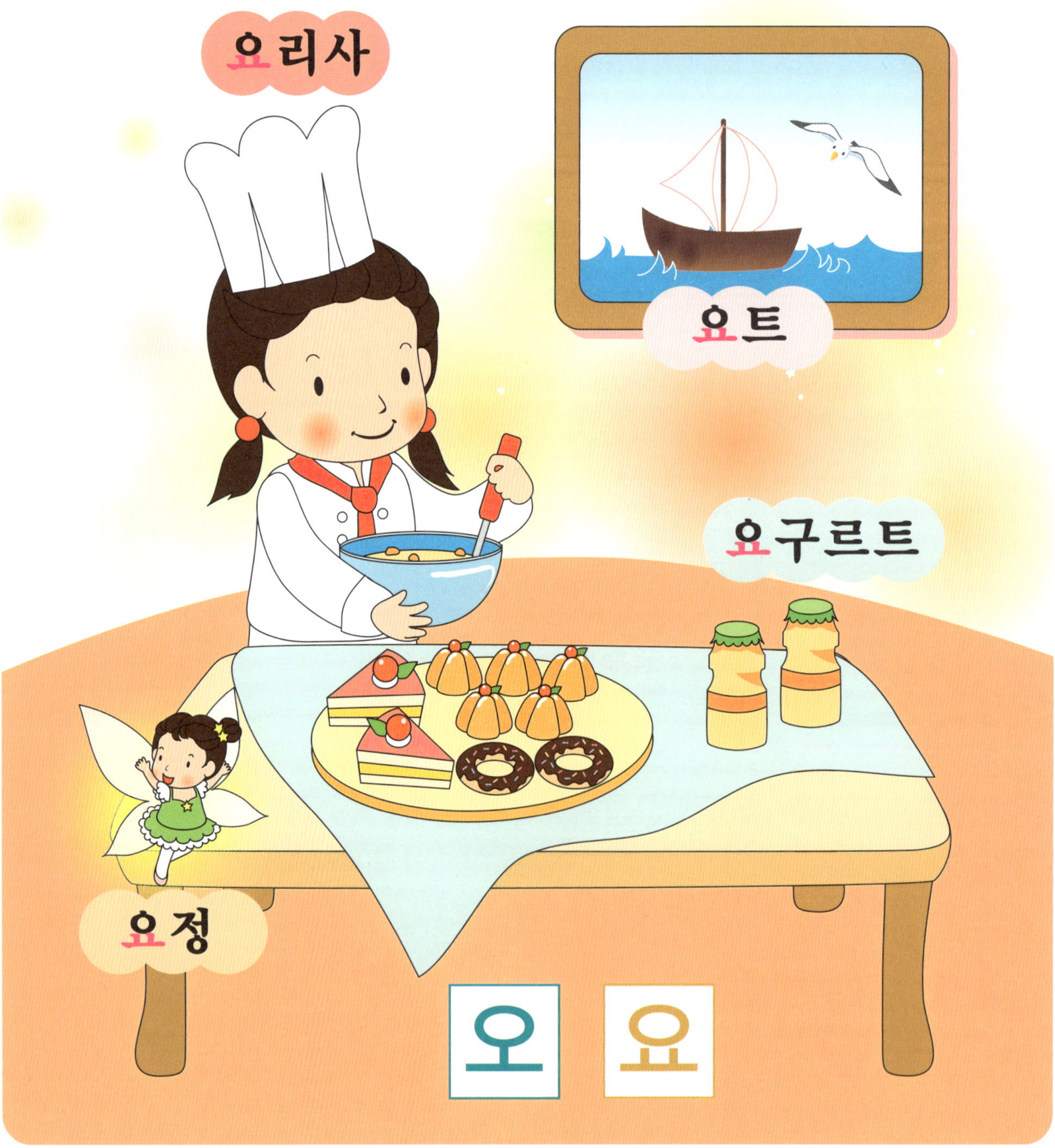
요리사
요트
요구르트
요정
오
요

ㅛ 쓰기

🎲 그림의 이름에 공통으로 들어가는 낱자 스티커를 ★ 안에 붙여 보세요.

🎲 'ㅛ'(요)를 읽으면서 바르게 써 보세요.

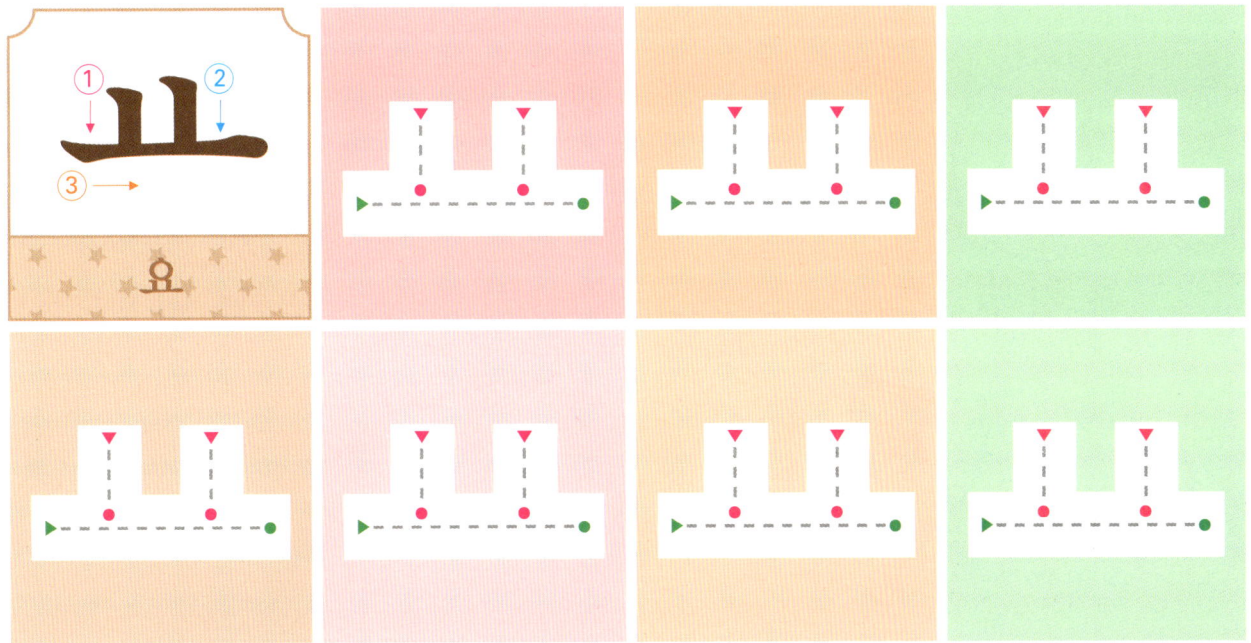

ㅗ·ㅛ 다지기

🎲 그림의 이름에 들어 있는 낱자를 찾아 선으로 연결해 보세요.

🎲 'ㅗ'(오)와 'ㅛ'(요)가 들어간 낱말을 찾아 ○해 보세요.

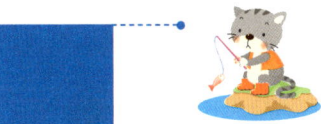

ㅗ·ㅛ 다지기

🎲 읽으면서 바르게 써 보세요.

오 오토바이   요 요리사

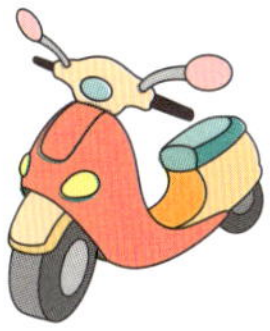

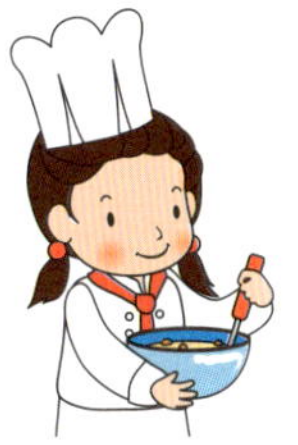

ㅜ 익히기

🎲 그림의 이름을 읽어 보고, 'ㅜ'(우)가 들어 있는 낱말에 ○해 보세요.

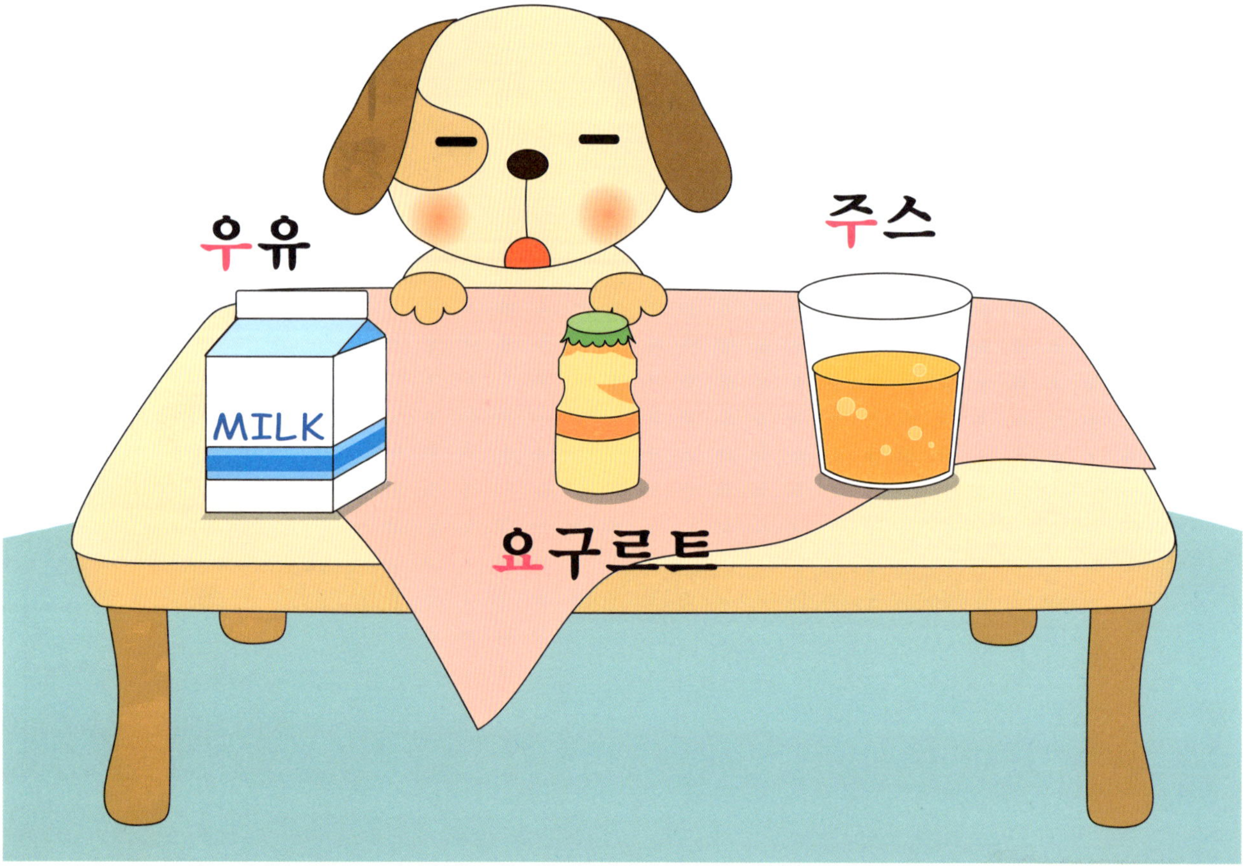

우유   주스
요구르트

🎲 'ㅜ'(우)가 들어 있는 낱말에 ○해 보세요.

오이   우산   새우

ㅜ 쓰기

🎲 'ㅜ'(우)가 들어 있는 물건의 이름을 읽어 보세요.

🎲 'ㅜ'(우)를 읽으면서 바르게 써 보세요.

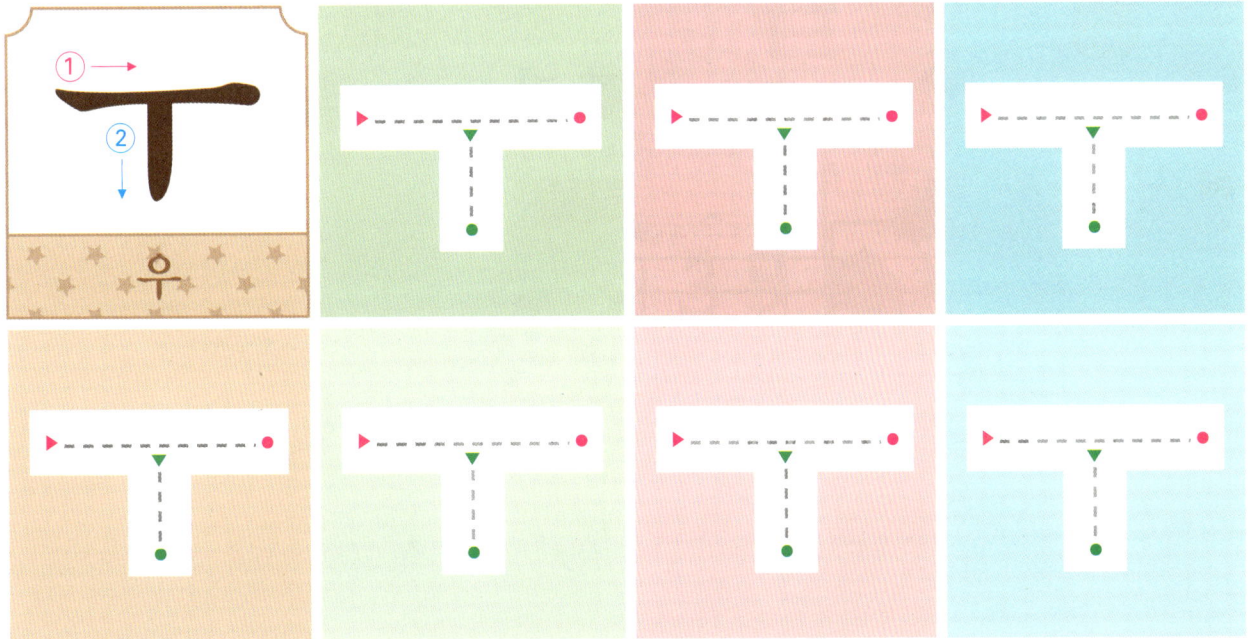

날짜: 월   일

ㅠ 익히기

매우잘함 잘함 보통

🎲 그림의 이름에 똑같이 들어 있는 낱말을 읽어 보세요.

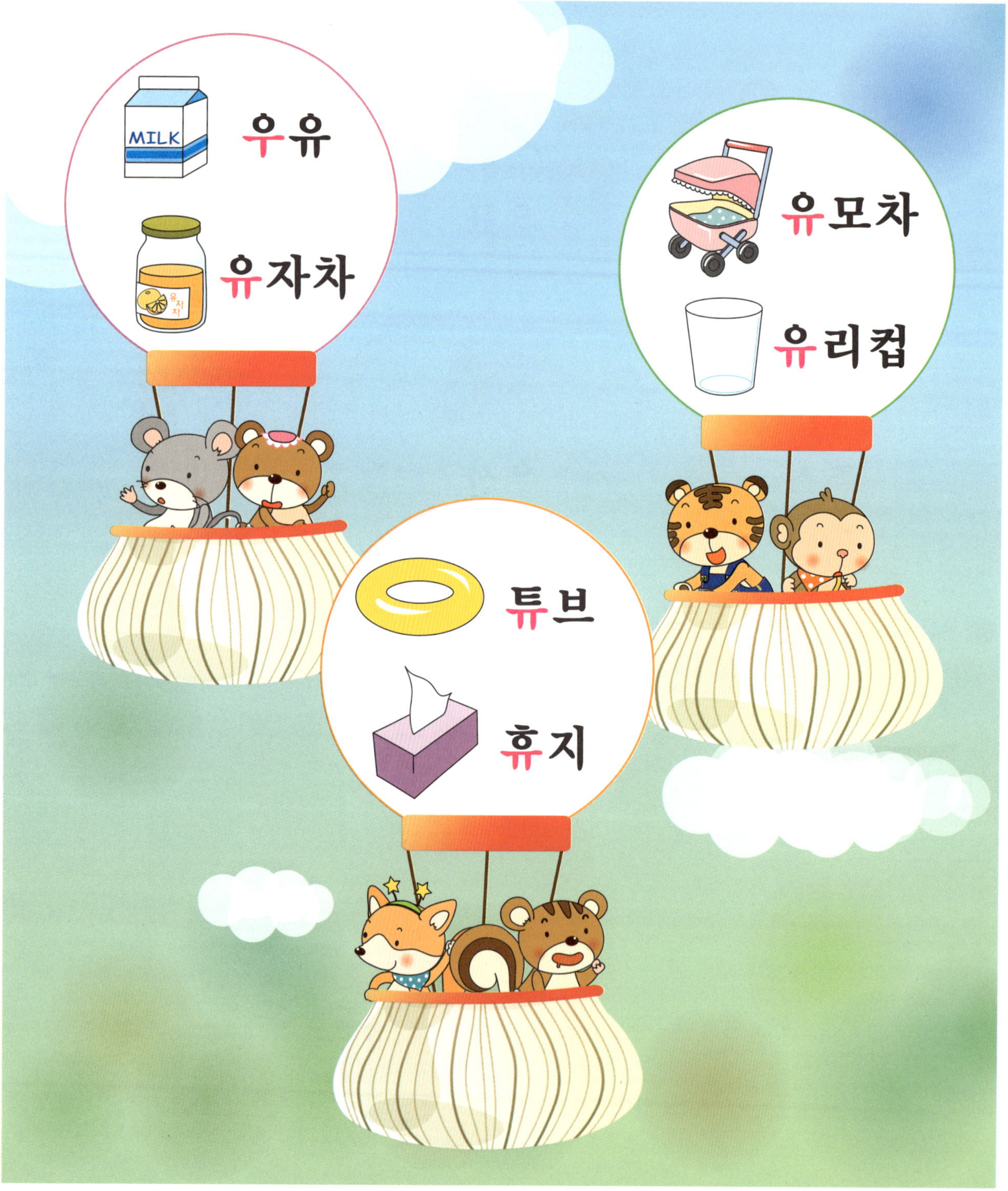

우유

유자차

유모차

유리컵

튜브

휴지

날짜: 월 일

ㅠ 쓰기

매우잘함 잘함 보통

🎲 버스 창문에 'ㅠ'(유)가 들어 있는 글자를 읽고, 바퀴를 예쁘게 색칠해 보세요.

🎲 'ㅠ'(유)를 읽으면서 바르게 써 보세요.

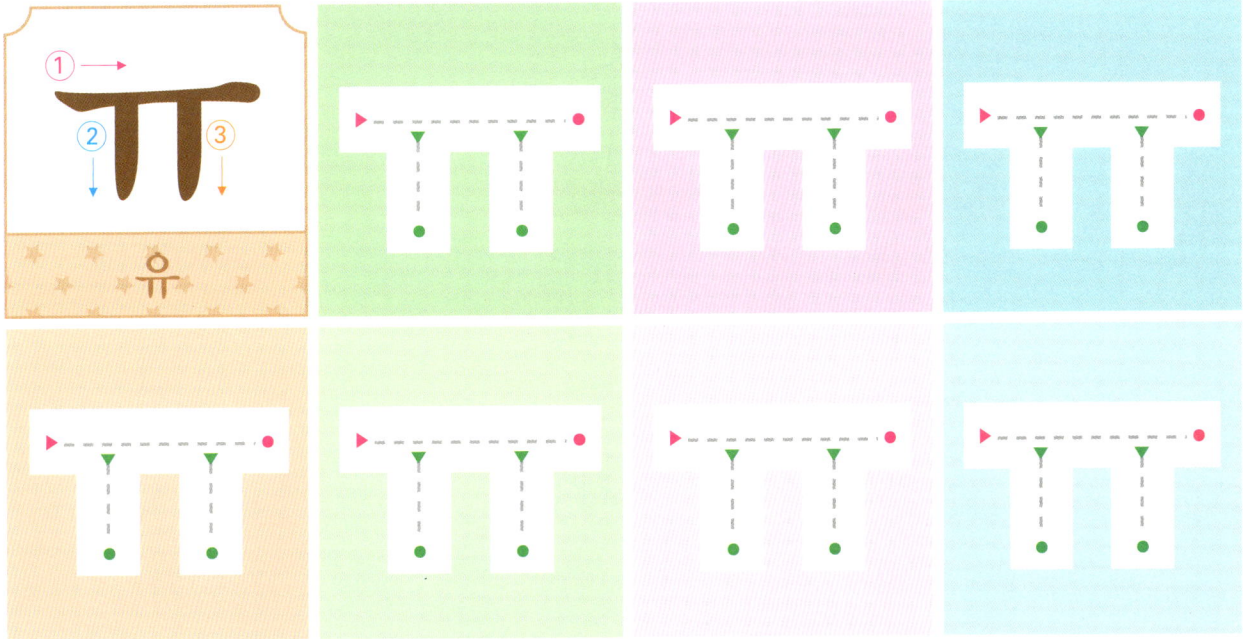

1 단계 87

ㅜ·ㅠ 다지기

'ㅠ'(유)가 들어 있는 곳을 따라 길을 찾아가 보세요.

같은 모음이 들어 있는 것끼리 같은 색으로 칠해 보세요.

ㅜ·ㅠ 다지기

🎲 읽으면서 바르게 써 보세요.

우   우유   유   유모차

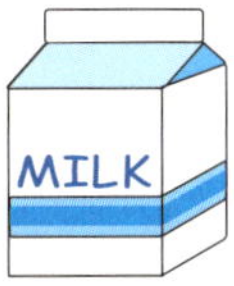

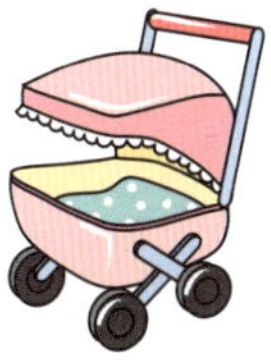

날짜: 월 일

익히기

🎲 호랑이는 으르렁 거리며 할머니에게 떡을 달라고 했어요. 할머니는 호랑이를 보고 깜짝 놀랐어요. 할머니가 어떤 소리를 냈을지 맞는 글자에 ◯해 보세요.

으르렁

으악

🎲 그림 속에 숨은그림을 찾아 ◯하고, 낱말을 읽어 보세요.

| 숨은그림 | 케이크 | 포크 |

— 쓰기

🎲 '—'(으)가 들어 있는 낱말을 읽어 보세요.

부츠 마스크 케이크 포크

🎲 '—'(으)를 읽으면서 바르게 써 보세요.

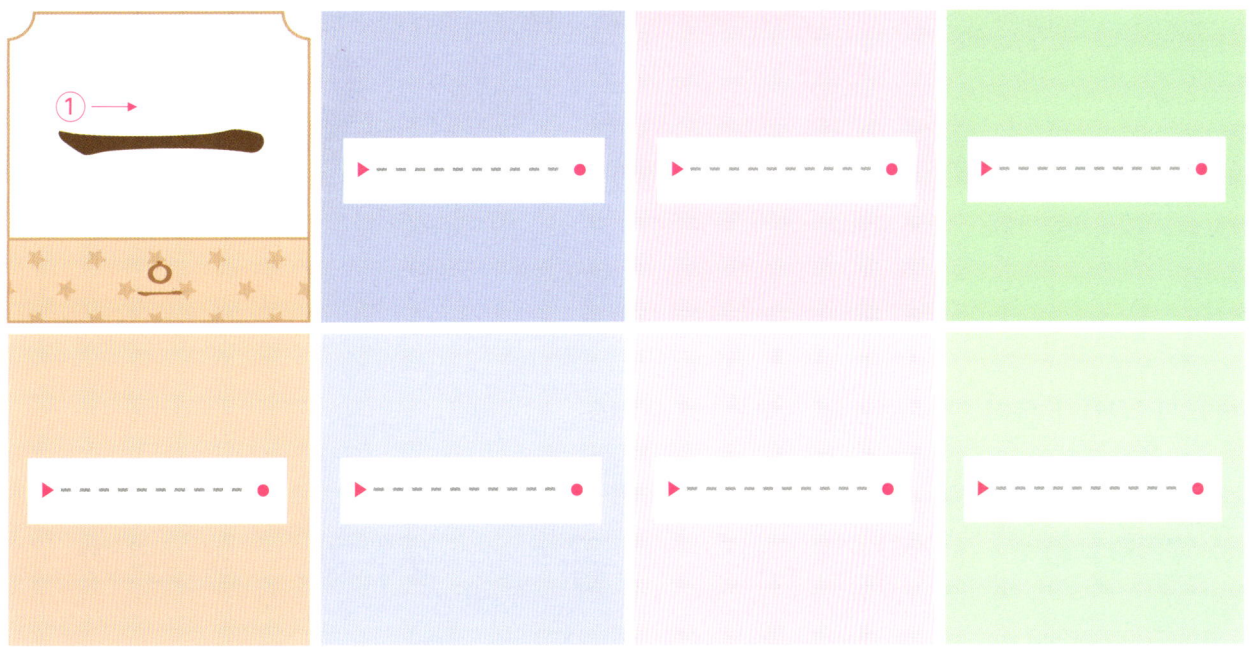

ㅣ 익히기

🎲 이야기 속에 나오는 글자 중에서 'ㅣ'(이)가 들어 있는 낱말은 모두 몇 개인지 찾아보세요.

이빨 빠진 호랑이와 고양이가 만났어요.
둘은 사이좋게 치과에 갔어요.

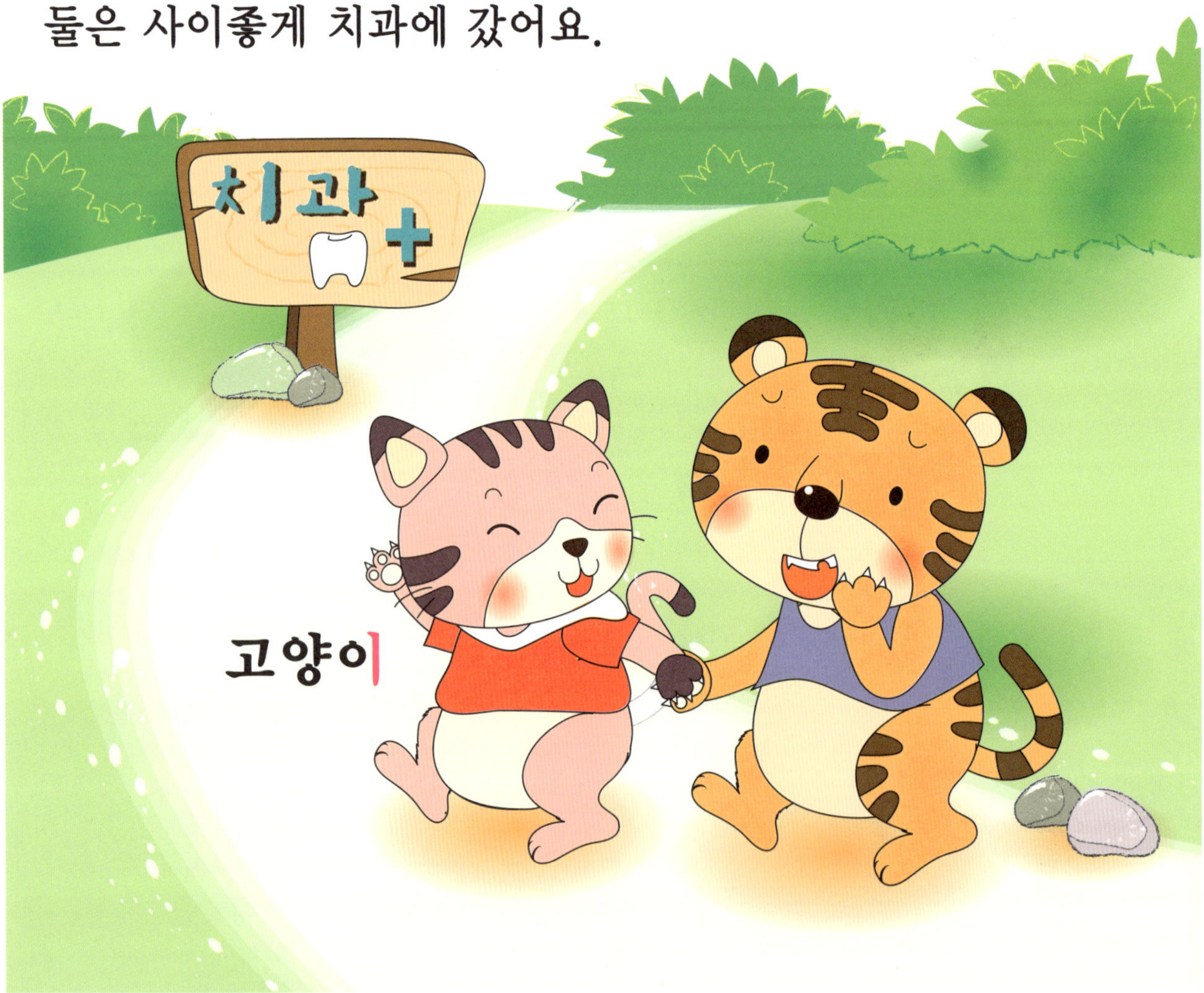

고양이

🎲 'ㅣ'(이)가 들어 있는 낱말을 찾아 ◯해 보세요.

| 고양이 | 개구리 | 곰 | 사자 | 토끼 |

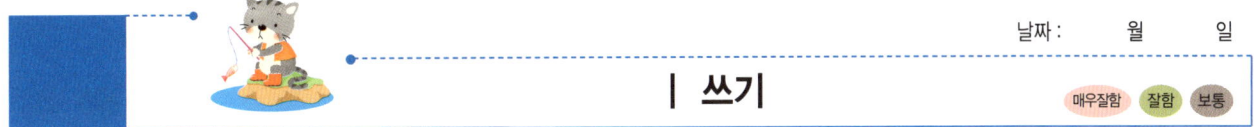

ㅣ 쓰기

🎲 'ㅣ'(이)가 들어 있는 동물에 ◯해 보세요.

🎲 'ㅣ'(이)를 읽으면서 바르게 써 보세요.

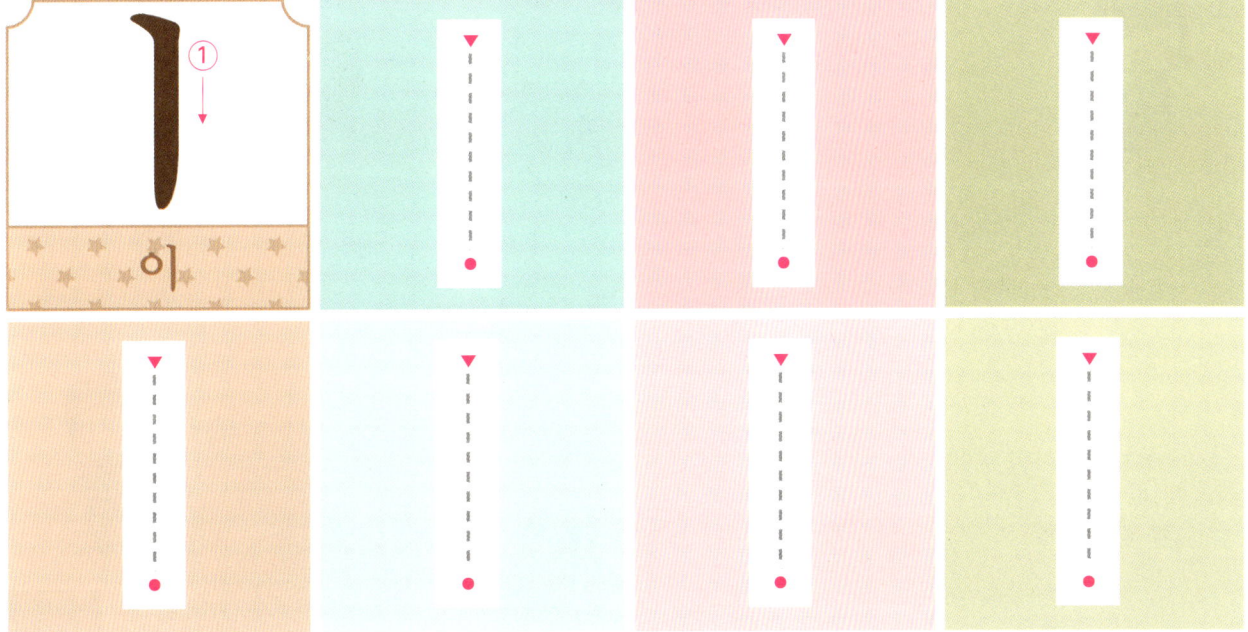

ㅡ·ㅣ 다지기

🎲 같은 낱자가 쓰여진 것을 찾아 ◯해 보세요.

🎲 'ㅡ'(으)가 쓰인 곳으로만 선을 그으며 길을 따라가 보세요.

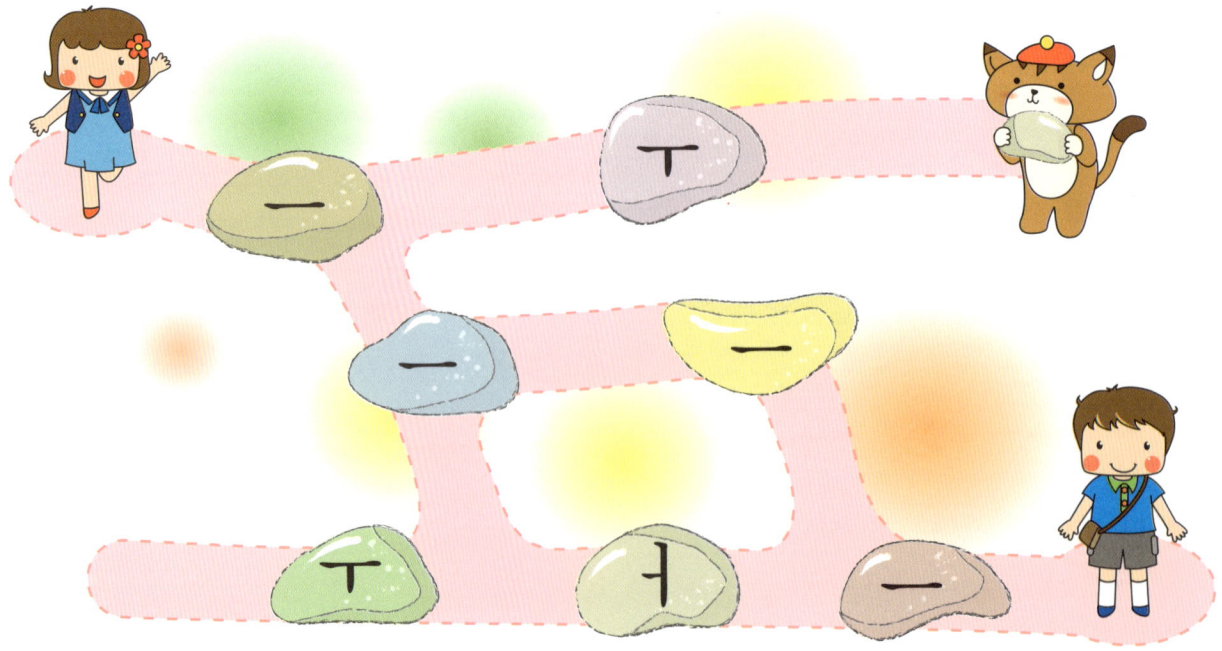

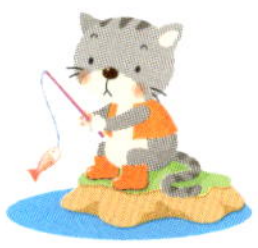

ㅡ·ㅣ 다지기

🎲 읽으면서 바르게 써 보세요.

| ㅡ | 아이스크림 | ㅣ | 고양이 |

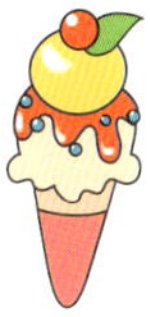

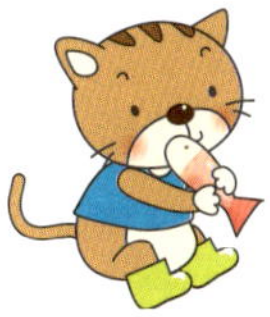

날짜 : 월 일

ㅏ ~ ㅣ 다지기

매우잘함 잘함 보통

ㅏ ~ ㅣ 의 순서대로 빈 곳에 알맞은 낱자를 써 보세요.

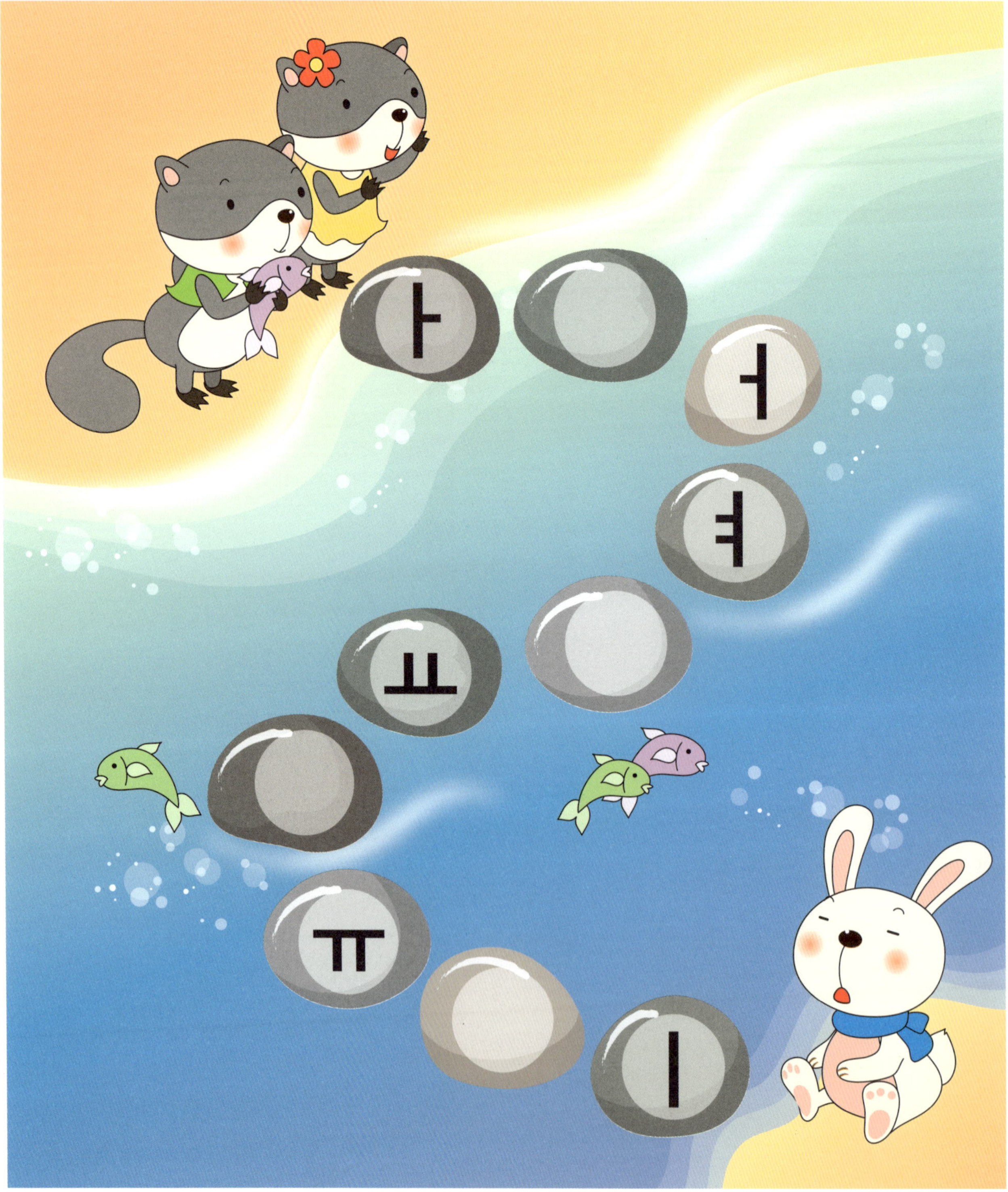

한글은 내친구 스티커

16쪽

38쪽 

18쪽 

44쪽

22쪽 

46쪽

24쪽

50쪽

26쪽

52쪽

28쪽

58쪽

64쪽

나　　오빠

30쪽

엄마　　아빠

32쪽

78쪽　토마토　포도　81쪽

36쪽

호박　오이　ㅛ

아이의 꿈을 생각하는 마음 - 블랙베베의 정신입니다.
Dream of Black BeBe

 전 8권 (준비단계 / 유아·유치 / 예비 1학년)

한글은 내친구 1단계 한글은 내친구 2단계 한글은 내친구 3단계 한글은 내친구 4단계 한글은 내친구 5단계 한글은 내친구 6단계 한글은 내친구 7단계 한글은 내친구 8단계

 전 8권 (준비단계 / 유아·유치 / 예비 1학년)

수학은 내친구 1단계 수학은 내친구 2단계 수학은 내친구 3단계 수학은 내친구 4단계 수학은 내친구 5단계 수학은 내친구 6단계 수학은 내친구 7단계 수학은 내친구 8단계

익힘장

한글은 내친구

차례

여러 가지 선 긋기	2
닿소리 ㄱ~ㄹ 익히기	14
닿소리 ㅁ~ㅇ 익히기	17
닿소리 ㅈ~ㅎ 익히기	20
홀소리 ㅏ~ㅕ 익히기	25
홀소리 ㅗ~ㅠ 익히기	28
홀소리 ㅡ~ㅣ 익히기	31

여러 가지 선 긋기

 ▶에서 ●까지 선을 그어 보세요.

여러 가지 선 긋기

🎲 같은 하늘소끼리 ▶에서 ●까지 선을 그어 보세요.

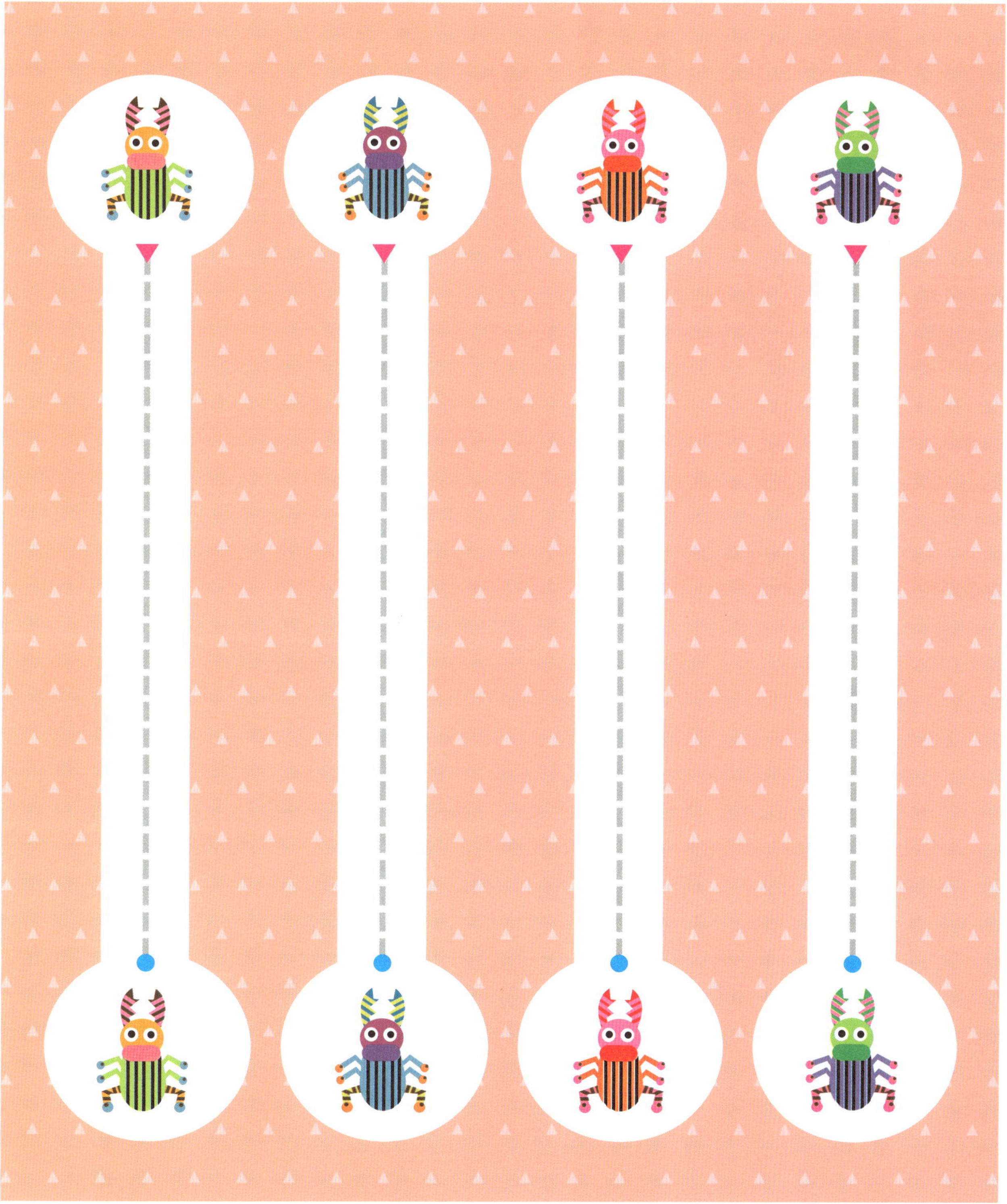

날짜 : 월 일

여러 가지 선 긋기

매우잘함	잘함	보통

조심조심~ 다리를 건널 때는 조심해야 해요. ▶에서 ●까지 선을 그어 보세요.

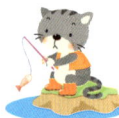

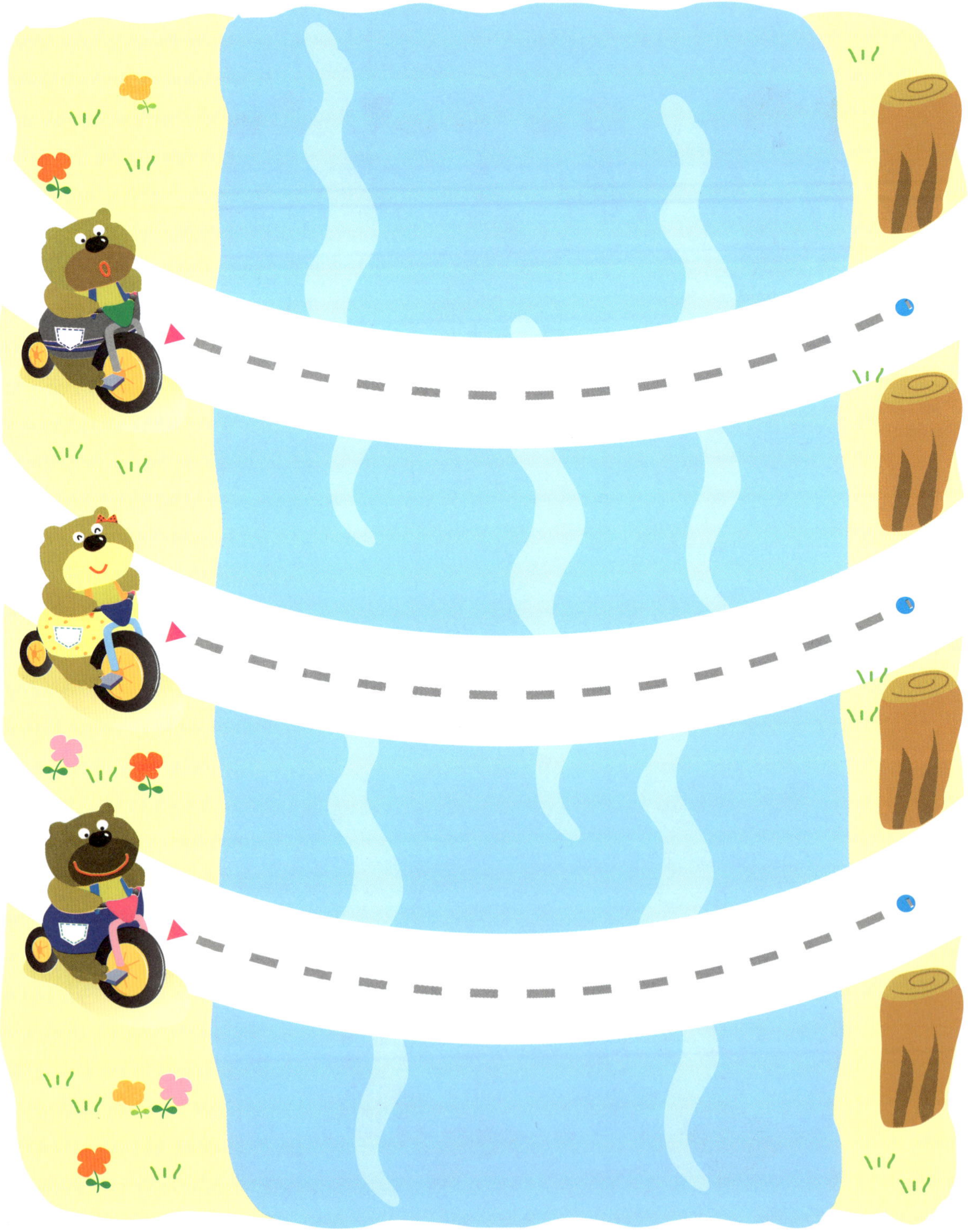

여러 가지 선 긋기

종이비행기를 날렸어요. 어디로 갈까요? ▶에서 ●까지 선을 그어 보세요.

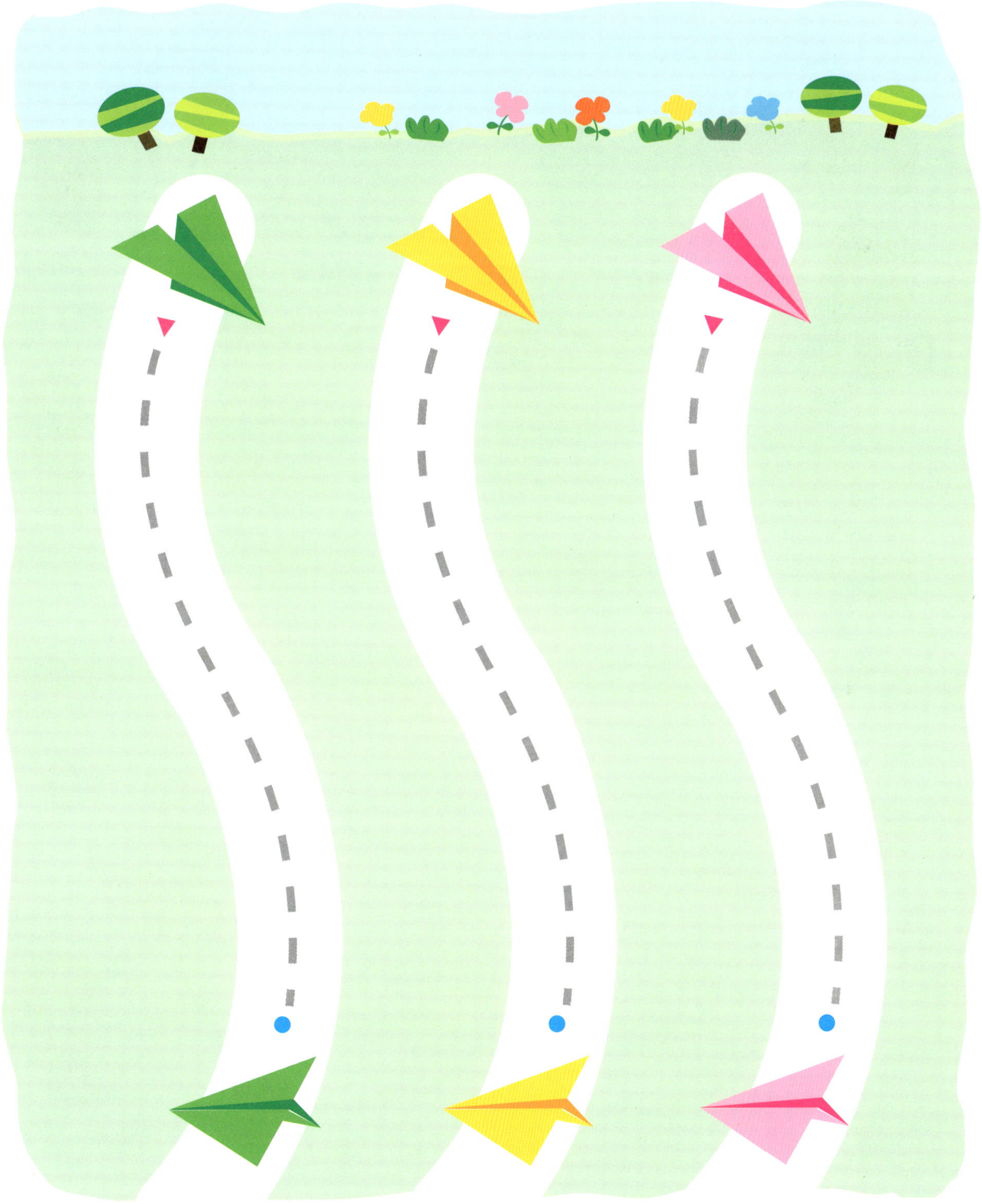

여러 가지 선 긋기

 두둥실 배를 타고 바다를 여행해요. ▶에서 ●까지 선을 그어 보세요.

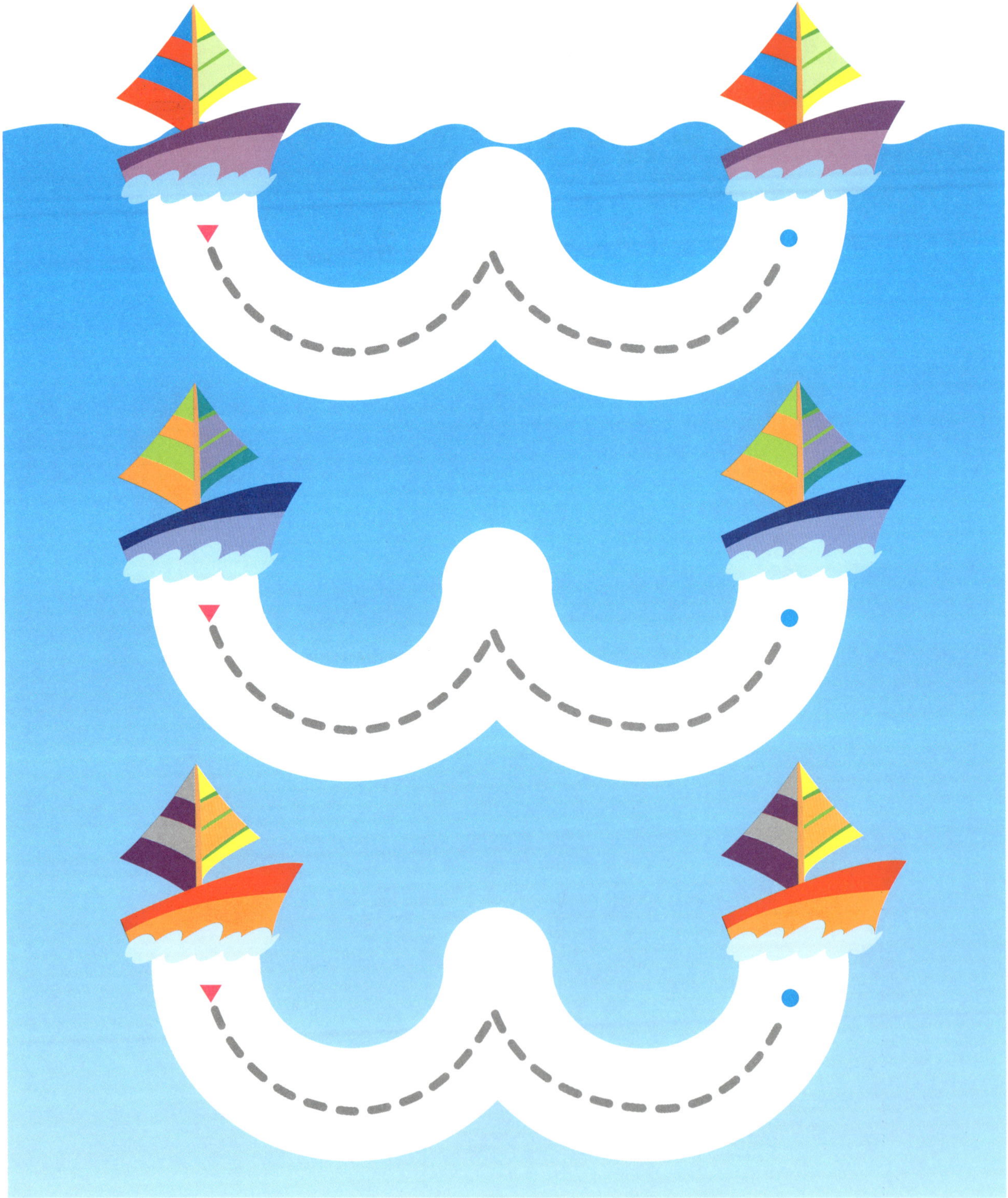

여러 가지 선 긋기

🎲 아기돼지가 엄마돼지를 찾아가요. ▶에서 ●까지 선을 그어 보세요.

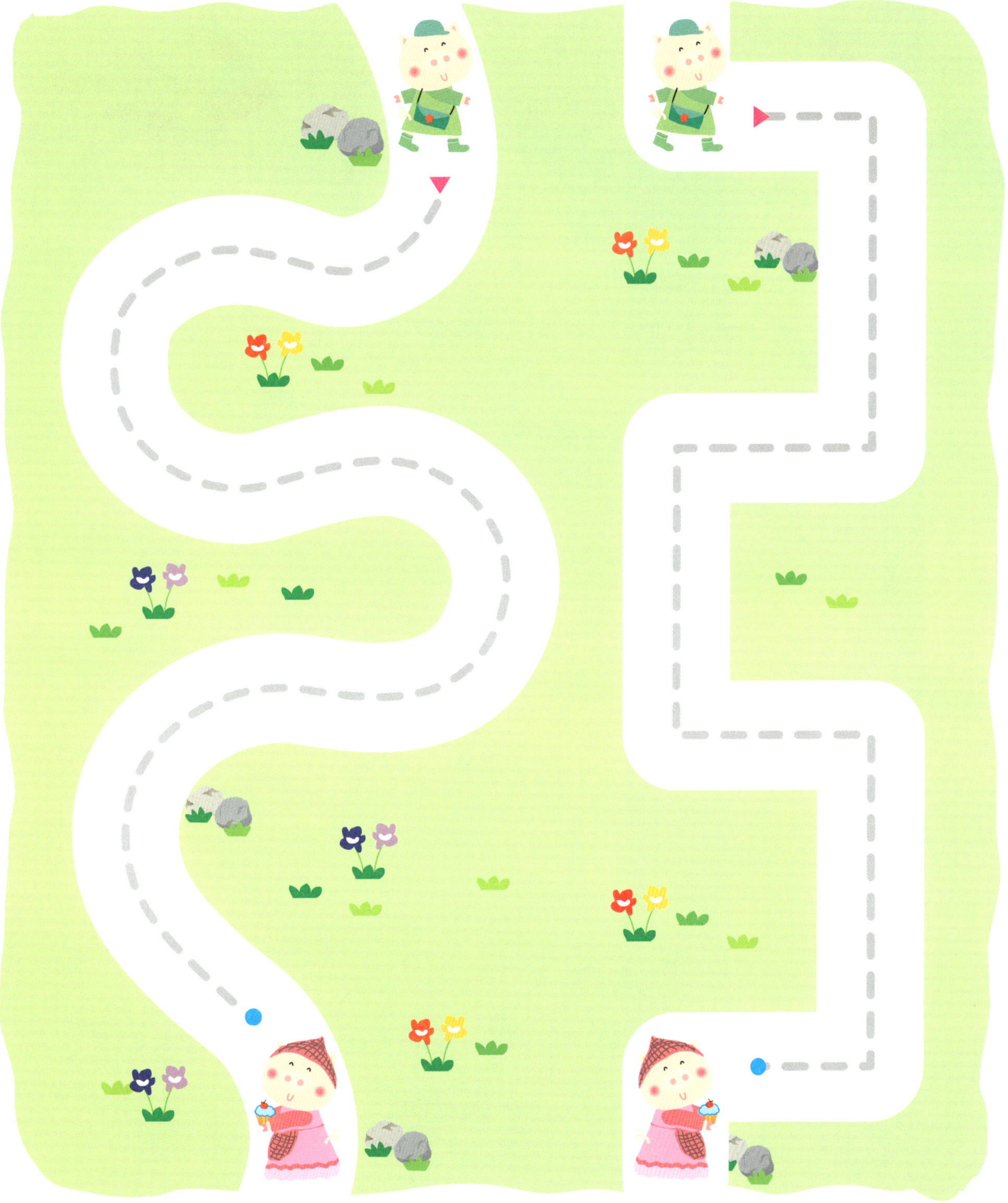

여러 가지 선 긋기

햇님이 따뜻하게 비추고 있네요. ▶에서 ●까지 선을 그어 보세요.

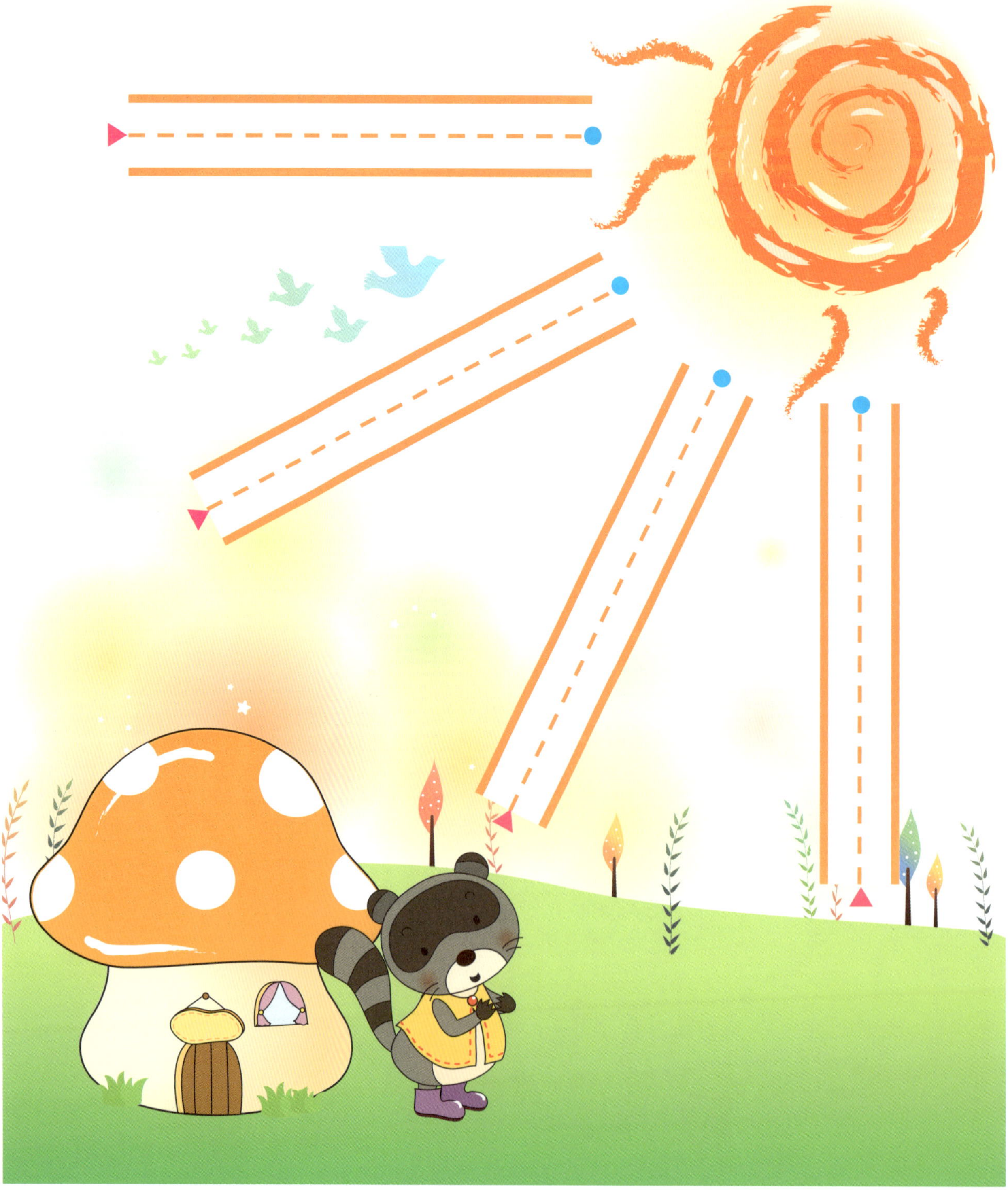

길 찾기

 다람쥐에 그려진 ➡ 에서 ➡ 까지 길을 찾아 보세요.

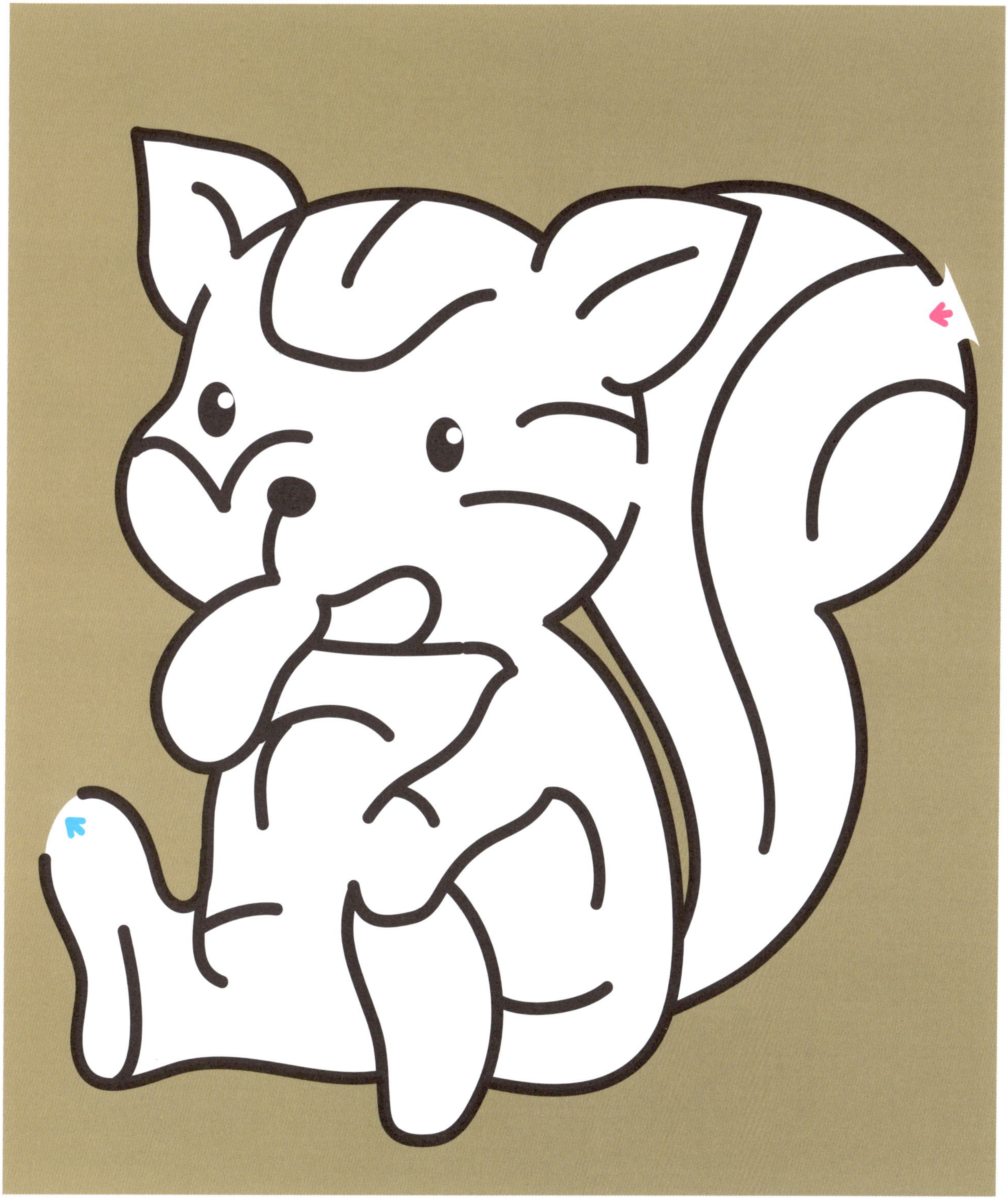

여러 가지 선 긋기

🎲 ▶에서 ●까지 선을 떼지 않고 그어 보세요.

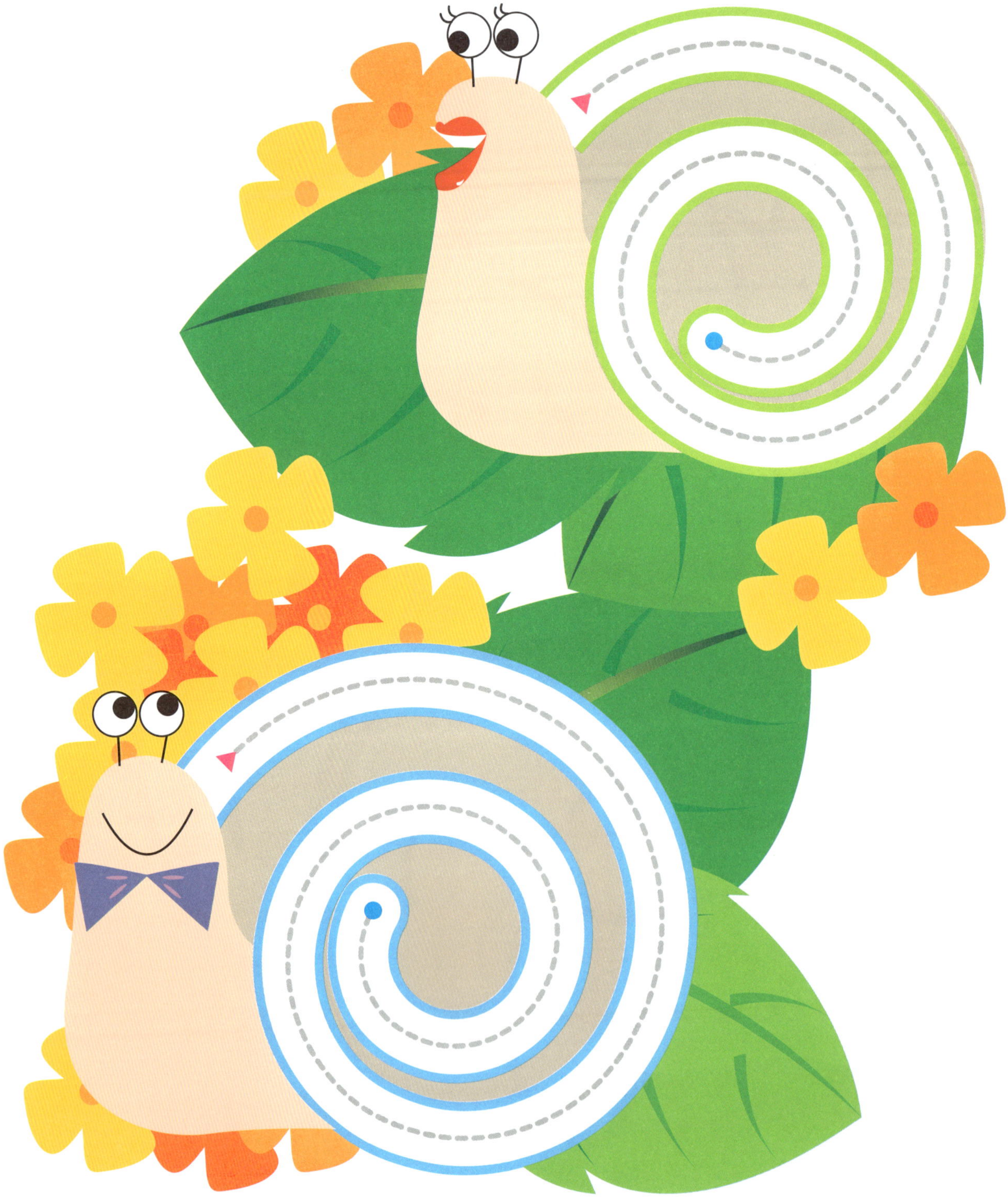

 ## 여러 가지 선 긋기

🎲 ▶에서 ●까지 선을 떼지 않고 그어 보세요.

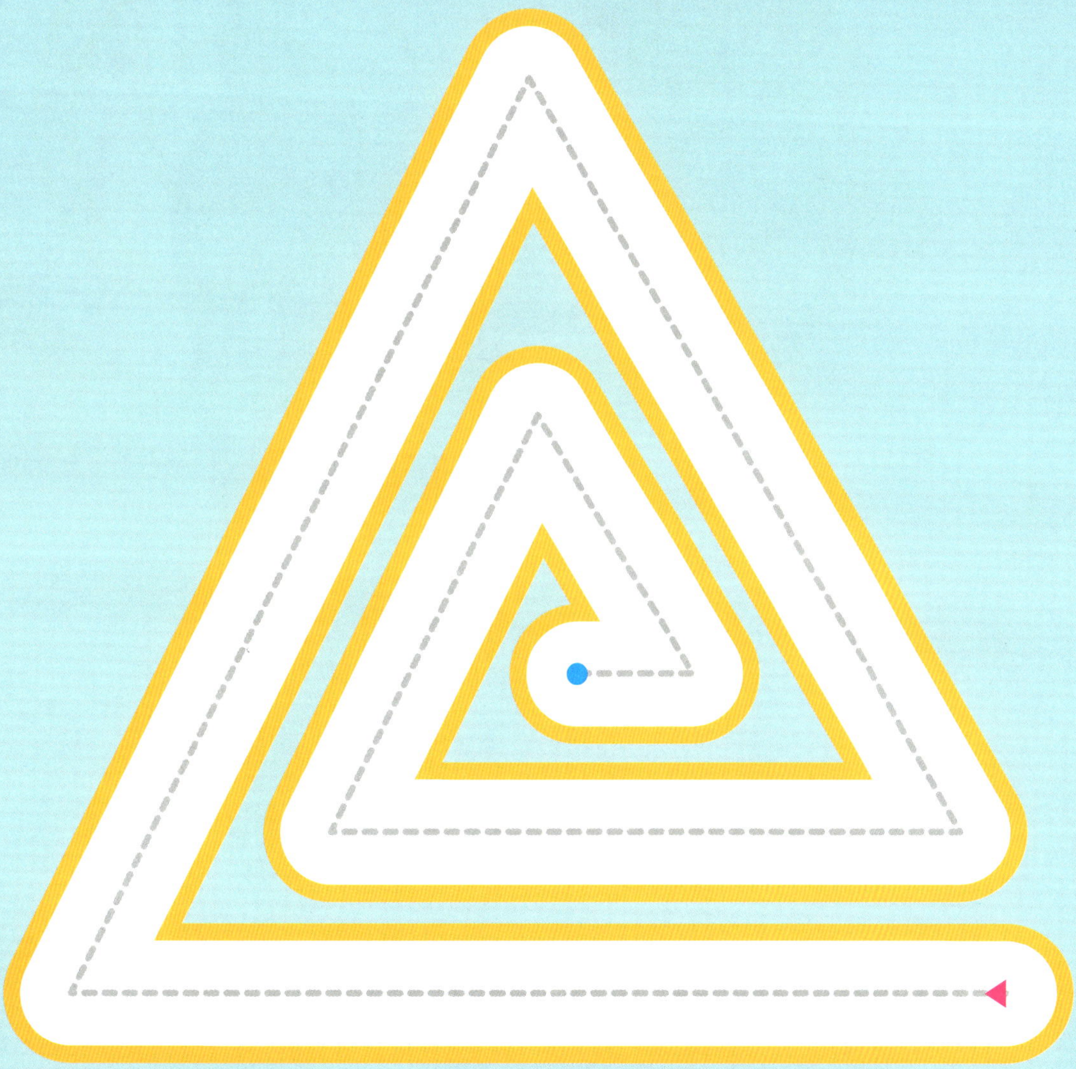

날짜: 월   일

여러 가지 선 긋기

매우잘함 | 잘함 | 보통

 ▶에서 ●까지 선을 떼지 않고 그어 보세요.

여러 가지 선 긋기

▶에서 ●까지 선을 떼지 않고 그어 보세요.

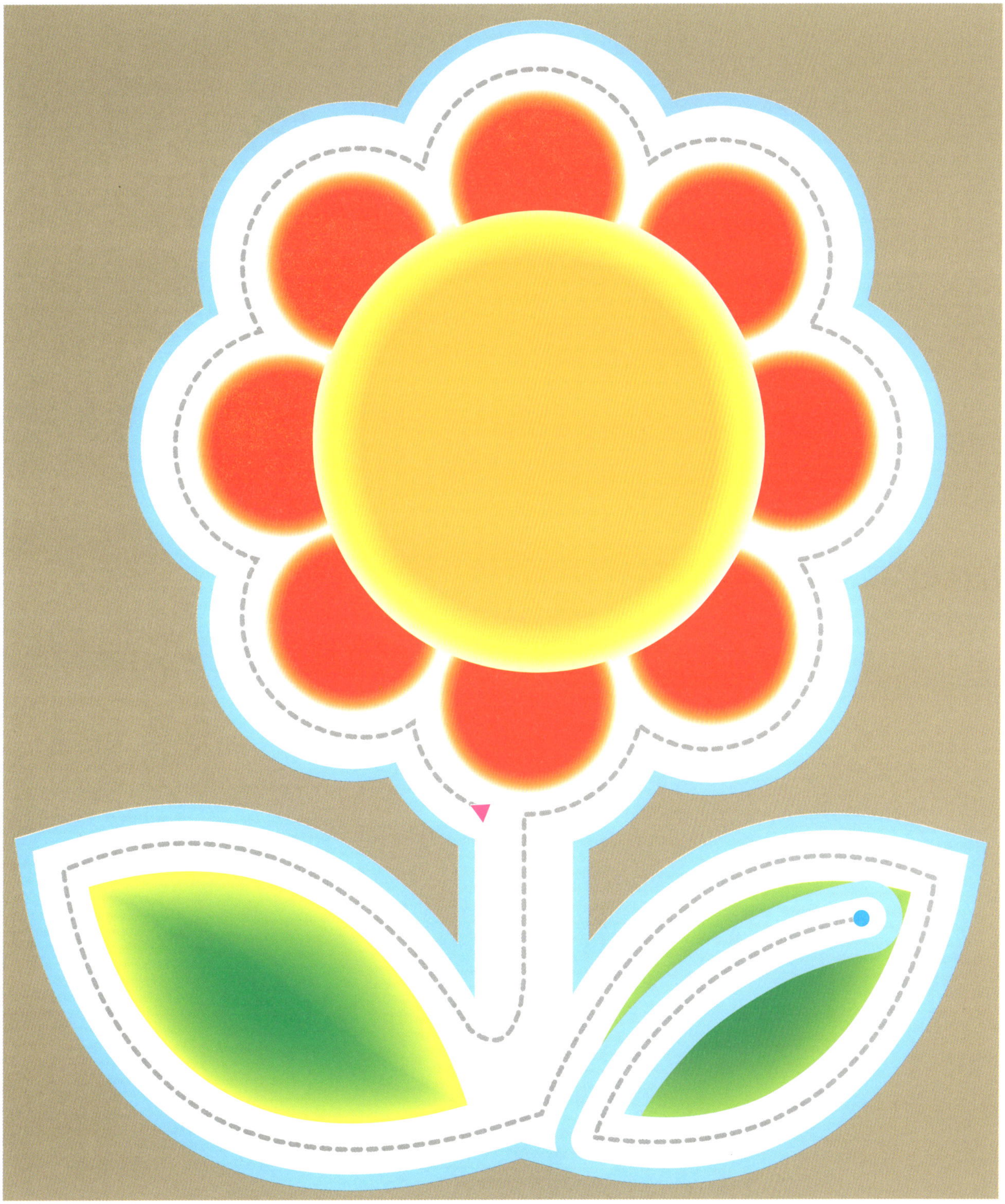

닿소리 ㄱ, ㄴ 익히기

날짜: 월   일

🎲 소리내어 읽으면서 바르게 써 보세요.

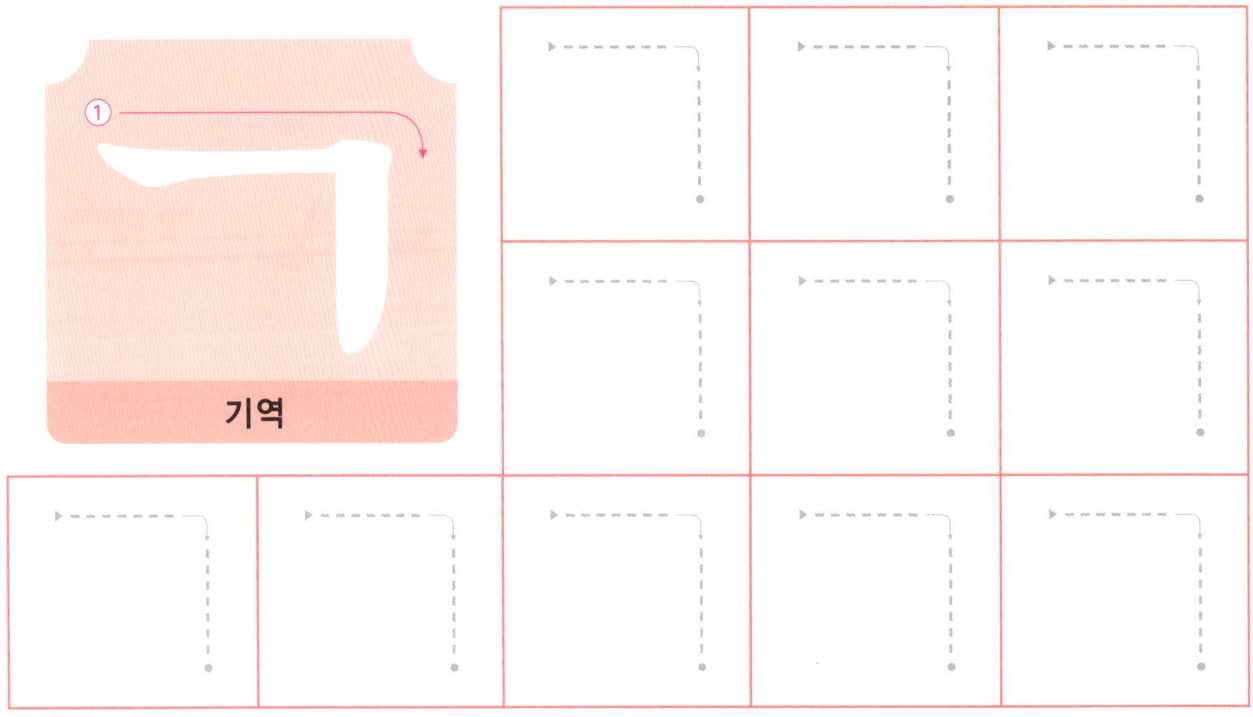

닿소리 ㄷ, ㄹ 익히기

🎲 소리내어 읽으면서 바르게 써 보세요.

디귿

리을

닿소리 ㄱ, ㄴ, ㄷ, ㄹ 다지기

날짜: 월   일

매우잘함 | 잘함 | 보통

🎲 소리내어 읽으면서 바르게 써 보세요.

| ㄱ | ㄴ | ㄷ | ㄹ |

날짜: 월 일

닿소리 ㅁ, ㅂ 익히기

🎲 소리내어 읽으면서 바르게 써 보세요.

미음

비읍

닿소리 ㅅ, ㅇ 익히기

🎲 소리내어 읽으면서 바르게 써 보세요.

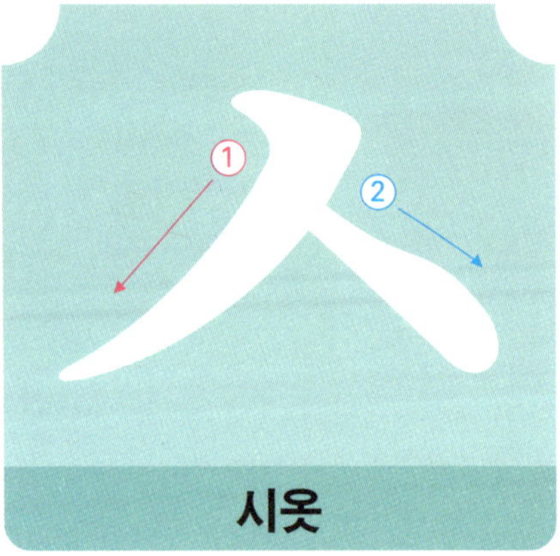

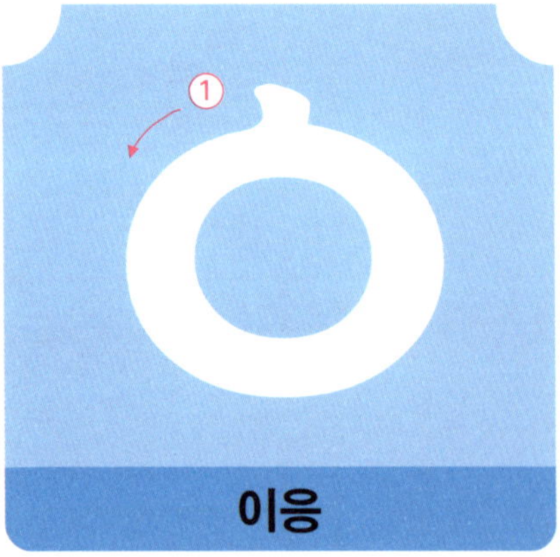

시옷

이응

닿소리 ㅁ, ㅂ, ㅅ, ㅇ 다지기

🎲 소리내어 읽으면서 바르게 써 보세요.

| ㅁ | ㅂ | ㅅ | ㅇ |

닿소리 ㅈ, ㅊ 익히기

🎲 소리내어 읽으면서 바르게 써 보세요.

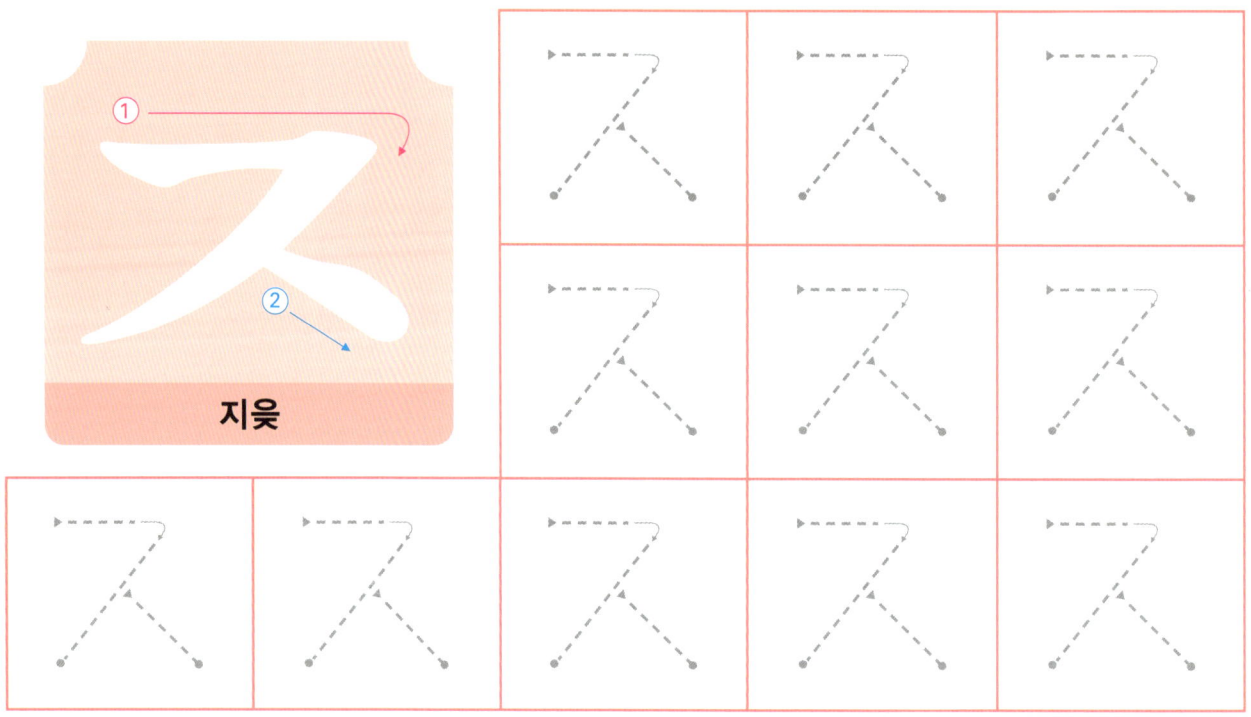

닿소리 ㅋ, ㅌ 익히기

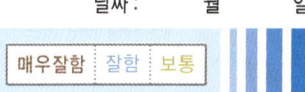

날짜 :   월   일

🎲 소리내어 읽으면서 바르게 써 보세요.

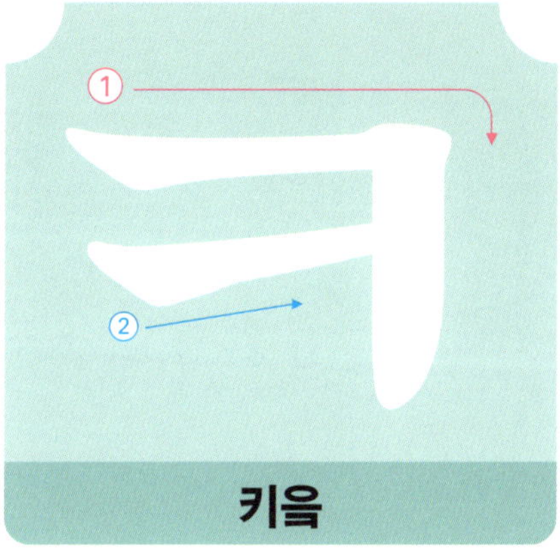

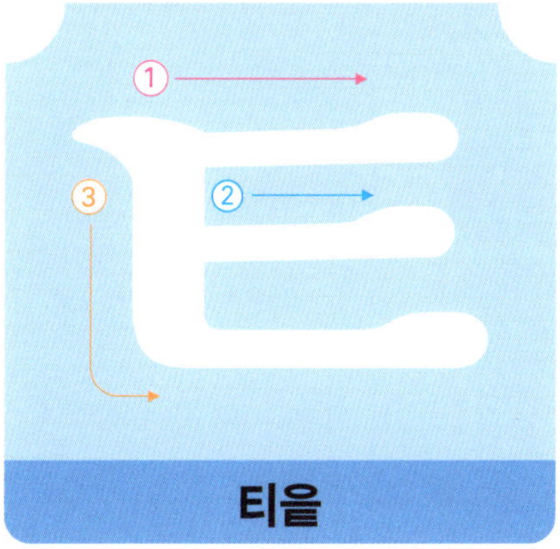

키읔

티읕

닿소리 ㅈ, ㅊ, ㅋ, ㅌ 다지기

날짜: 월   일

🎲 소리내어 읽으면서 바르게 써 보세요.

ㅈ ㅊ ㅋ ㅌ

닿소리 ㅍ, ㅎ 익히기

🎲 소리내어 읽으면서 바르게 써 보세요.

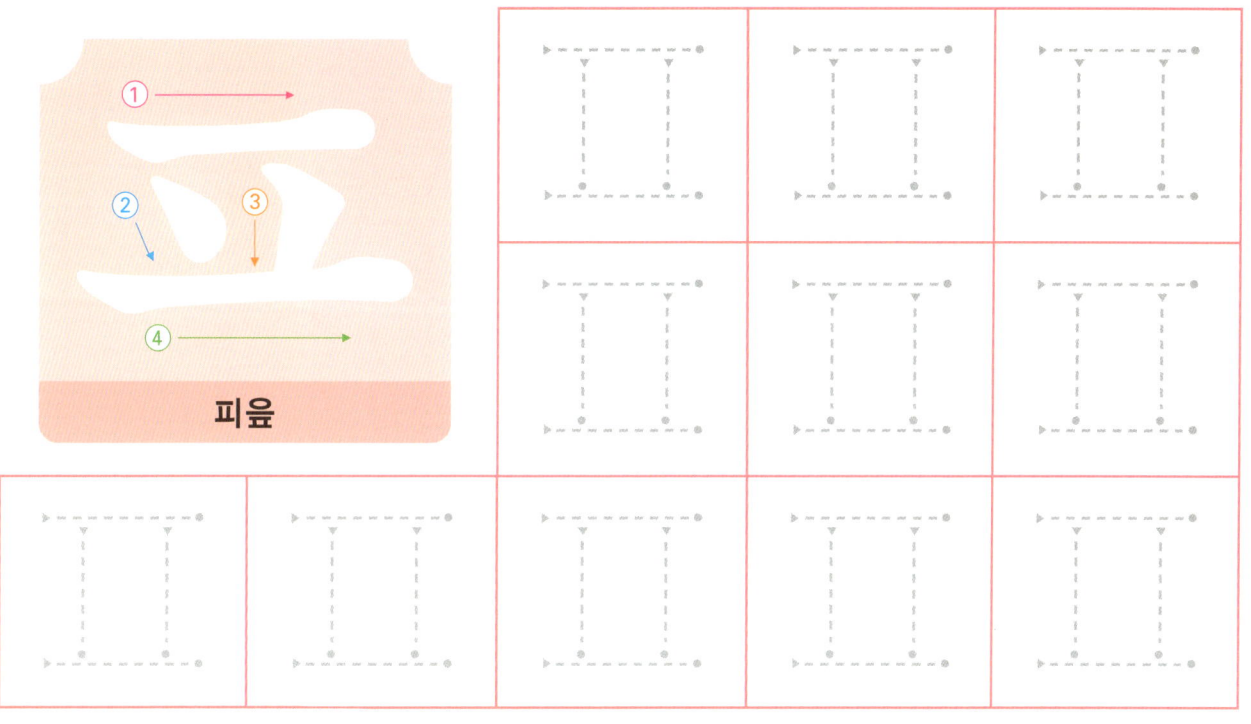

피읖

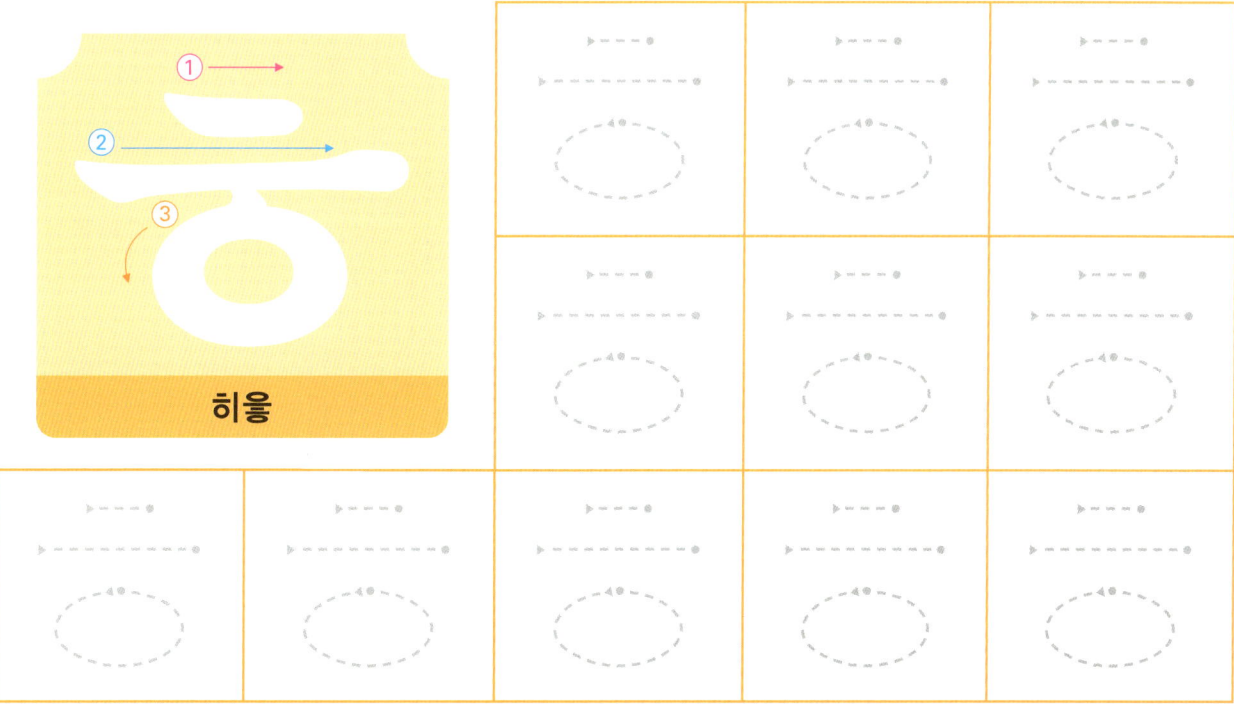

히읗

 날짜 :　　월　　일

닿소리 ㅋ, ㅌ, ㅍ, ㅎ 다지기

매우잘함　잘함　보통

🎲 소리내어 읽으면서 바르게 써 보세요.

ㅋ	ㅌ	ㅍ	ㅎ
ㅋ	ㅌ	ㅍ	ㅎ
ㅋ	ㅌ	ㅍ	ㅎ
ㅋ	ㅌ	ㅍ	ㅎ
ㅋ	ㅌ	ㅍ	ㅎ

24 익힘장

홀소리 ㅏ, ㅑ 익히기

🎲 소리내어 읽으면서 바르게 써 보세요.

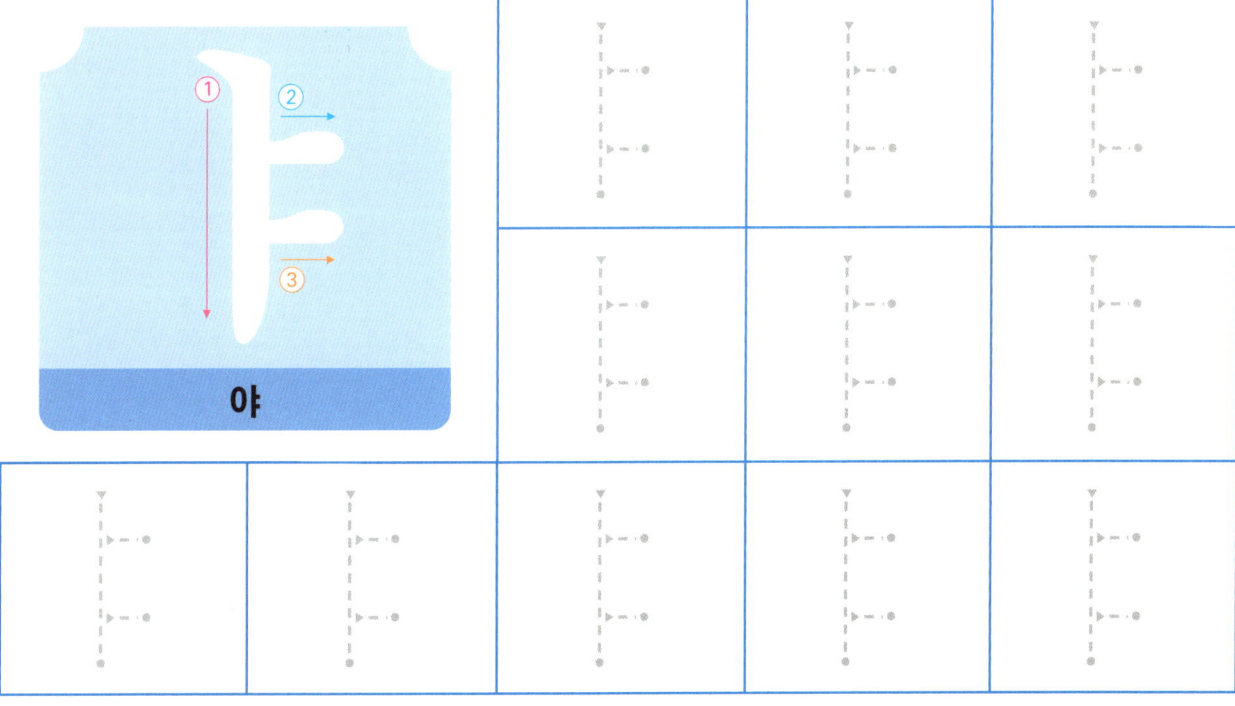

홀소리 ㅓ, ㅕ 익히기

🎲 소리내어 읽으면서 바르게 써 보세요.

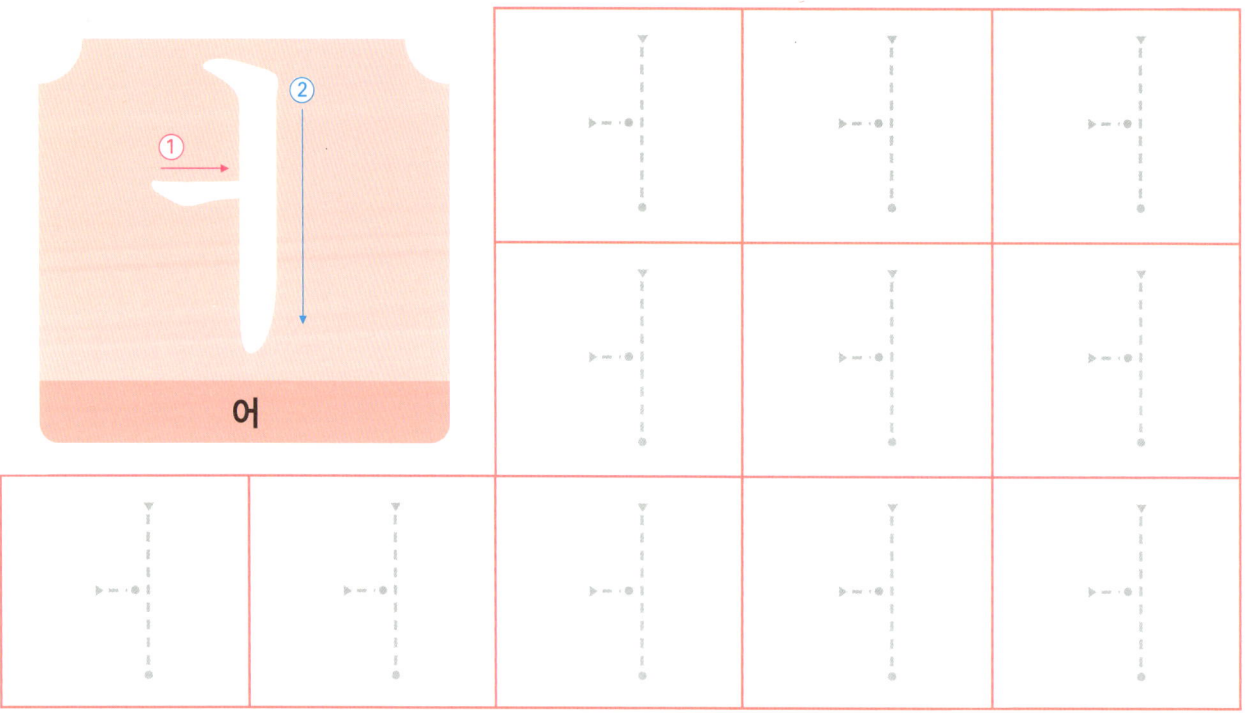

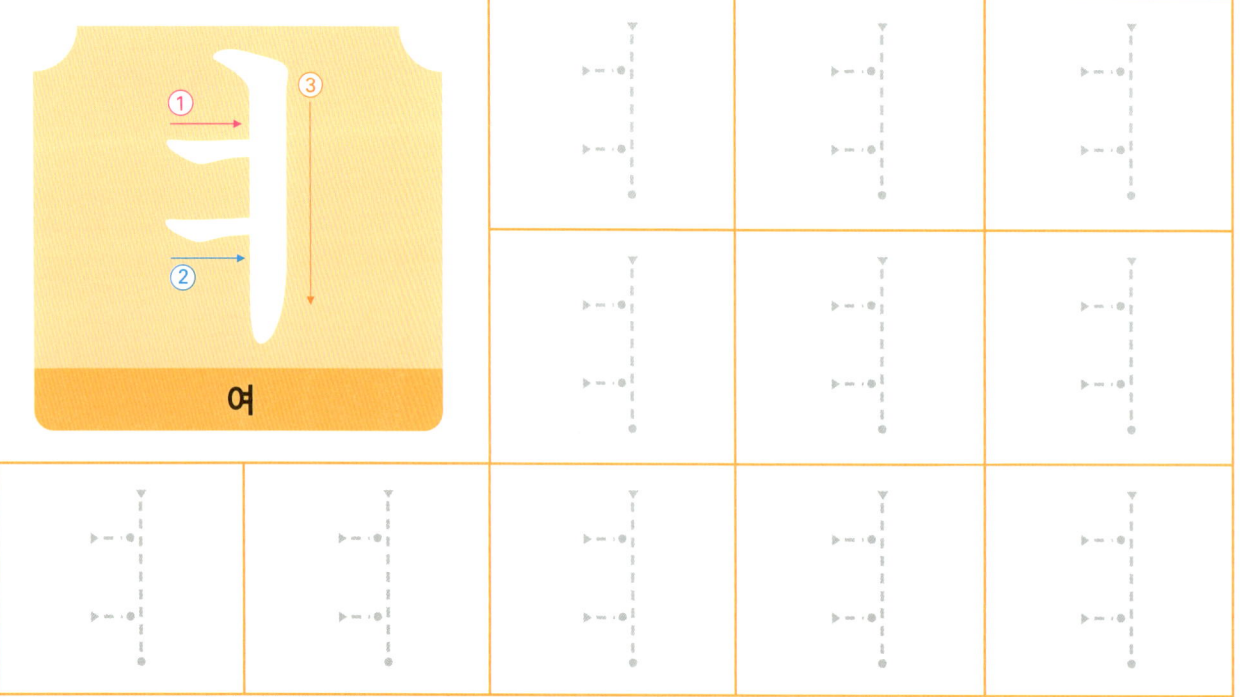

닿소리 ㅏ, ㅑ, ㅓ, ㅕ 다지기

🎲 소리내어 읽으면서 바르게 써 보세요.

ㅏ	ㅑ	ㅓ	ㅕ
ㅏ	ㅑ	ㅓ	ㅕ
ㅏ	ㅑ	ㅓ	ㅕ
ㅏ	ㅑ	ㅓ	ㅕ
ㅏ	ㅑ	ㅓ	ㅕ

홀소리 ㅗ, ㅛ 익히기

🎲 소리내어 읽으면서 바르게 써 보세요.

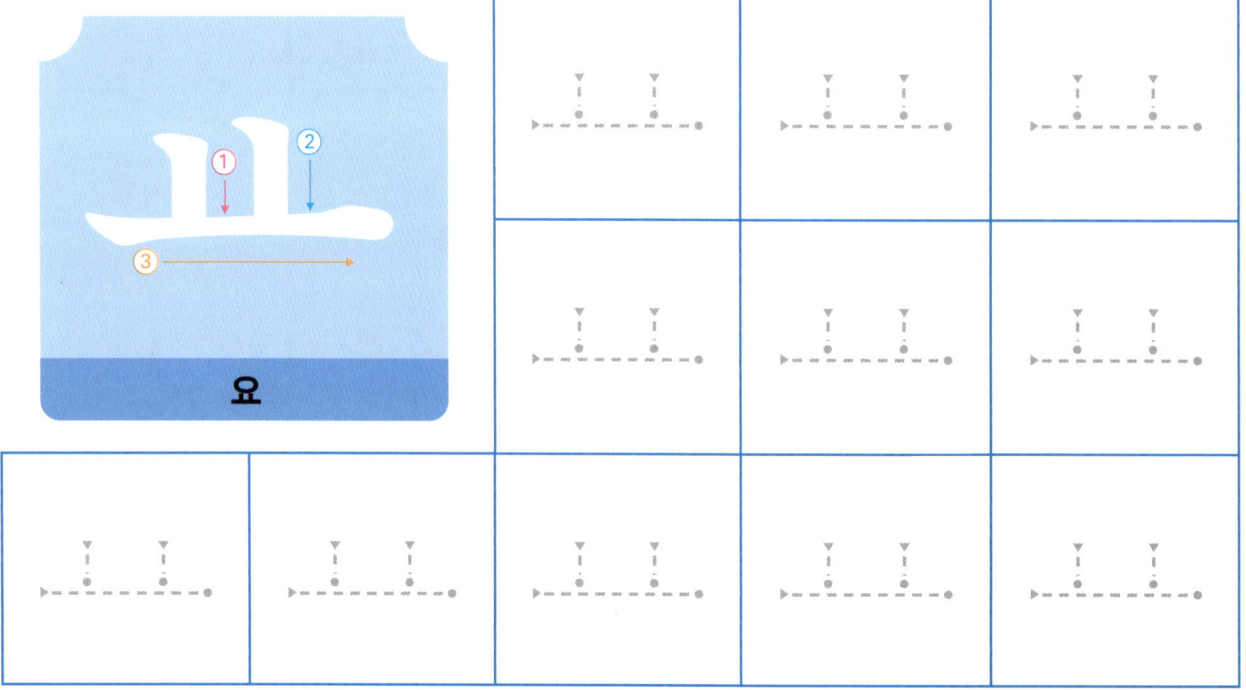

홀소리 ㅜ, ㅠ 익히기

날짜: 월   일

매우잘함 | 잘함 | 보통

🎲 소리내어 읽으면서 바르게 써 보세요.

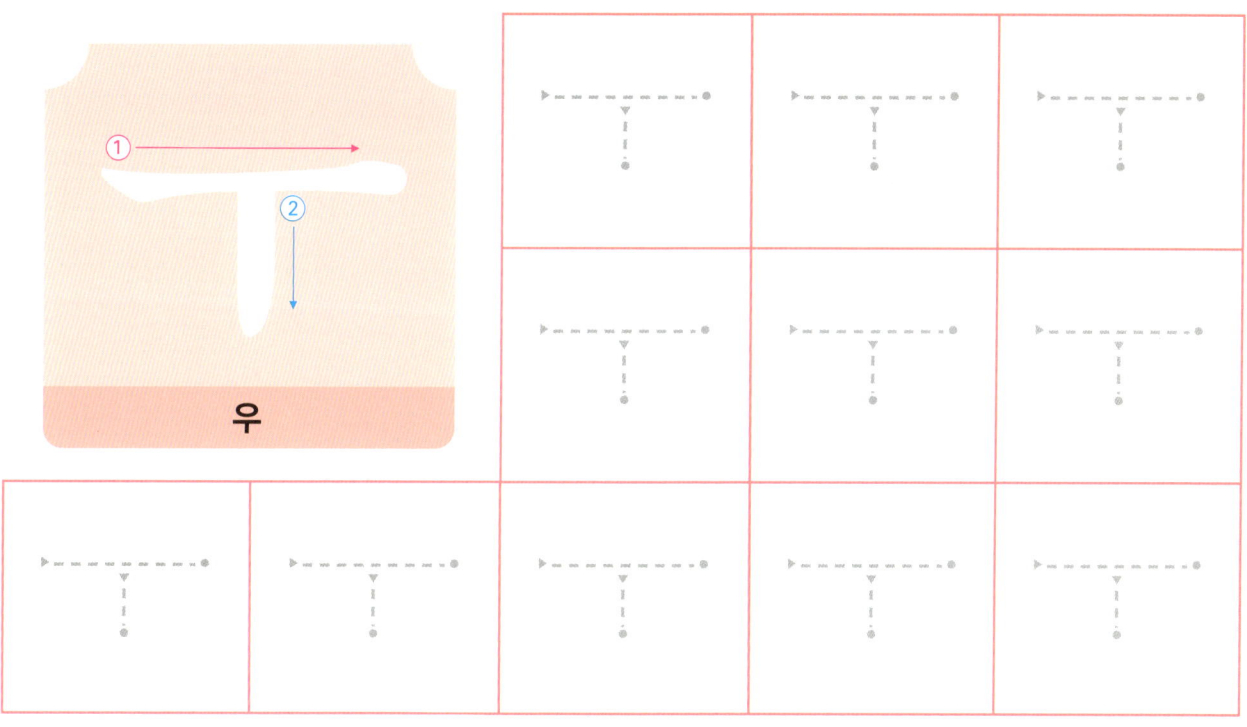

홀소리 ㅗ,ㅛ,ㅜ,ㅠ 다지기

🎲 소리내어 읽으면서 바르게 써 보세요.

ㅗ	ㅛ	ㅜ	ㅠ
ㅗ	ㅛ	ㅜ	ㅠ

홀소리 ㅡ, ㅣ 익히기

🎲 소리내어 읽으면서 바르게 써 보세요.

으

이

날짜 : 월 일

홀소리 ㅜ, ㅠ, ㅡ, ㅣ 다지기

매우잘함 | 잘함 | 보통

소리내어 읽으면서 바르게 써 보세요.

ㅜ	ㅠ	ㅡ	ㅣ
ㅜ	ㅠ	ㅡ	ㅣ

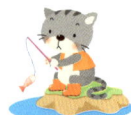

한글은 내친구 ❶ 단계

유아 생각의 창을 넓혀 주는 길라잡이

Pre 프리스쿨 School

단계별 수준 학습 시스템

유아의 발달 수준에 맞추어 4세, 5세, 6세, 7세의 4단계 학습으로 구성하였습니다.

④ ⑤
언어·인지(A)-10권
수리·탐구(B)-10권
칠교(C)-2권
표현·창작(D)-2권
영역별 누리과정(E)-2권

⑥ ⑦
언어·인지(A)-10권
수리·탐구(B)-10권
한자(C)-2권
창의·영재(D)-2권
영역별 누리과정(E)-2권

• 누리과정의 낱말 학습과 언어 인지, 읽기, 쓰기, 말하기의 영역으로 구성
• 수리 개념의 기초인 분류, 비교, 공간 지각, 수 세기 등 수리적 인지력 학습
• 사회관계 영역을 포함한 영역별 누리과정으로 구성
• 놀이를 통한 칠교 학습, 창의력 표현 활동의 브레인, 한자로 구성

 ## 익힘장의 특징

익힘장은 〈한글은 내친구〉를 배우고 낱말과 단어를 반복해서
익힐수 있도록 엮은 '책 속의 책'입니다.
그림과 함께 낱말을 익히는 복습을 통해 완전히 내 것이 되는 한글.
어린이 혼자서도 재미있게 학습할 수 있습니다.